Du calme !

Comprendre

Peter Adriaenssens,
Mon enfant a peur…et moi aussi ! L'éducation à la résistance intérieure

Théo Compernolle, Théo Doreleijers,
Du calme ! Comprendre et gérer l'enfant hyperactif. 2e édition

Théo Compernolle, Hilde Lootens, Rob Moggré, Theo van Eerden,
Gérer les adolescents difficiles. Comportements impulsifs, excessifs ou agités

Marie-France Daniel,
La philosophie et les enfants. Les modèles de Lipman et de Dewey

Roger Deldime, Sonia Vermeulen,
Le développement psychologique de l'enfant. 7e édition

Dimitri Demnard,
L'aide à la scolarité par la PNL. Comprendre et résoudre les difficultés scolaires

Diane Drory, *Cris et châtiments. Du bon usage de l'agressivité*

Fonds Houtman,
Vers une culture de l'enfance. Avec le texte de la Convention des droits de l'enfant

Murielle Jacquet-Smailovic,
L'enfant, la maladie et la mort. La maladie et la mort d'un proche expliquées à l'enfant

Claire Kebers, *Mort, deuil, séparation. Itinéraire d'une formation*

Manu Keirse, *Faire son deuil, vivre un chagrin. Un guide pour les proches et les professionnels*

Jacques Lagarrigue, *L'école. Le retour des valeurs ? Des enseignants témoignent*

Jean Le Gal, *Les droits de l'enfant à l'école. Pour une éducation à la citoyenneté*

Paolo Legrenzi, *Le bonheur*

Claudine Leleux, *L'école revue et corrigée. Une formation générale de base universelle et inconditionnelle*

Marc Litière,
Maman, j'y arriverai jamais ! Face à la peur de l'échec, comment redonner confiance à votre enfant

Madeleine Natanson, *Des adolescents se disent. Voyage au pays des adolescents ordinaires*

Nancy Newton-Verrier, *L'enfant adopté. Comprendre la blessure primitive*

Paul A. Osterrieth, *Introduction à la psychologie de l'enfant.* 17e édition

Jos Peeters, *Les adolescents difficiles et leurs parents*

Lucien Piloz, *Maîtriser la violence à l'école. Prévention et traitement de la violence en milieu scolaire*

Michel Rosenzweig, *Les drogues dans l'histoire : entre remède et poison. Archéologie d'un savoir oublié*

Edwin S. Shneidman, *Le tempérament suicidaire. Risques, souffrances et thérapies*

Johan Vanderlinden, *Vaincre l'anorexie mentale*

Philippe van Meerbeeck, Claude Nobels, *Que jeunesse se passe. L'adolescence face au monde adulte*

Alain Vanthournhout, *Techno, rêves… et drogues ? Rencontrer les jeunes dans les nouveaux lieux d'extase*

Pierre Vianin, *Contre l'échec scolaire. L'appui pédagogique à l'enfant en difficulté d'apprentissage*

comprendre

Théo Compernolle
Théo Doreleijers

Du calme !

Comprendre et gérer
l'enfant hyperactif

2e édition

Préface de Marie-Christine Mouren-Siméoni

L'édition originale est parue aux Éditions Lannoo sous le titre de *Zit stil !*

Photo de couverture
© gettyimages

Pour toute information sur notre fonds et les nouveautés dans votre domaine de spécialisation, consultez notre site web : **http://www.deboeck.com**

© De Boeck & Larcier s.a., 2004
Éditions De Boeck Université
Rue des Minimes 39, B-1000 Bruxelles
Pour la traduction et l'adaptation française

2ᵉ édition
2ᵉ tirage 2004

Tous droits réservés pour tous pays.
Il est interdit, sauf accord préalable et écrit de l'éditeur, de reproduire (notamment par photocopie) partiellement ou totalement le présent ouvrage, de le stocker dans une banque de données ou de le communiquer au public, sous quelque forme et de quelque manière que ce soit.

Imprimé en Belgique

Dépôt légal :
Bibliothèque Nationale, Paris : mai 2004
Bibliothèque Royale Albert Iᵉʳ, Bruxelles : 2004/0074/028

ISSN 1373-024X
ISBN : 2-8041-4544-1

Préface de la première édition française

Si l'hyperactivité est reconnue comme un trouble à part entière par les professionnels de la santé de l'enfant aux États-Unis comme dans nombre de pays de l'Union Européenne, il n'en est pas encore de même en France où l'« Hyperactivité-Syndrome » est loin de faire l'unanimité quant à sa définition clinique, ses causes et son traitement.

Mais au-delà des polémiques, souvent nourries d'a priori et de quiproquo, il existe des enfants et des familles qui souffrent et demandent de l'aide. L'ouvrage de Theo Compernolle, le seul existant à notre connaissance — en langue française — sur la guidance des parents d'enfants hyperactifs, vient à point répondre à une attente et combler un manque. Nombreux sont ceux qui attendent sa parution, conscients d'être trop souvent dans l'impasse, en échec, dévalorisés dans le regard de l'autre et de l'enfant hyperactif lui-même. Non seulement l'auteur déculpabilise les parents mais il leur donne des outils pour gérer le comportement de l'enfant, leur confère une place active dans le processus thérapeutique et les rend responsables du changement. Au fil des pages, le lecteur appréciera certainement, comme nous, les exemples cliniques illustratifs, les conseils éducatifs face à des situations-problèmes, les résumés clairs à la fin de chaque chapitre des données à retenir et des points à appliquer, l'explication de chaque terme du vocabulaire spécialisé.

La grande expérience de l'auteur concernant la « gestion » des hyperactifs et de leur entourage, son respect pour ces patients en détresse (respect qu'il invite chacun à éprouver pour l'autre), font de « Du calme ! » un livre constructif et optimiste.

Notre certitude est que cet ouvrage connaîtra un succès mérité et qu'il aidera chacun à évoluer dans ses pratiques et ses comportements.

Marie-Christine MOUREN-SIMÉONI
Professeur des Universités — Chef du Service de
Psychopathologie de l'Enfant et de l'Adolescent
de l'hôpital ROBERT-DEBRÉ — Paris

Lisez d'abord ceci

1. L'intention : un livre pour les parents d'enfants hyperactifs

Ce livre est destiné aux parents qui ont le sentiment de dire à leur enfant au moins cent fois par jour, sur tous les tons et sans beaucoup de succès « Du calme ! ».

« Du calme ! » dans toutes ses variations, depuis « Tiens-toi tranquille ! » et « Ne t'agite pas comme ça ! » à « Fais un peu plus attention ! » et « Doucement ! ».

Ce livre est destiné aux parents d'enfants qui sont sans freins. Des enfants, qui par leur hyperactivité, provoquent de plus en plus de problèmes, à eux-mêmes comme à autrui. Des enfants qui, par leur agitation continuelle et leur manque de concentration, se développent moins bien que ce que leur intelligence semble promettre.

Ce livre est conçu comme un « mode d'emploi » : il a pour objectif de vous aider à canaliser avec amour, tendresse et fermeté, l'(hyper-) activité de votre enfant pour la ramener à une agitation normale. Si tout se passe bien, votre enfant restera comme un jeune chiot qui dévore la vie à pleines dents. Le but n'est évidemment pas d'élever votre enfant pour en faire une marionnette ou un esclave engourdi. Cela ne risque d'ailleurs pas de se produire avec les méthodes qui sont décrites dans ce livre, car elles sont essentiellement basées sur les encouragements et les récompenses. *Du calme !* est une aide pour apprendre à votre enfant à mieux utiliser ses qualités et à gérer le mieux possible ses handicaps éventuels.

Du calme ! a été écrit pour les parents d'enfants hyperactifs. Stimulés par les associations de parents, nous avons rédigé un autre ouvrage pour les parents d'adolescents hyperactifs (voir Annexes).

2. Le point de départ : les préoccupations de parents d'enfants hyperactifs

La première version de ce guide a été écrite en 1984, pour un projet de recherche à la Katholieke Universiteit van Leuven (KUL). Cette recherche concernait des enfants qui vivaient de sérieux problèmes ou en provoquaient constamment à cause de leur hyperactivité et de leur impulsivité extrêmes, par distraction ou par manque de concentration ou bien suite à une combinaison de tous ces éléments. En d'autres termes, ce sont des enfants atteints du syndrome d'hyperactivité ou TDAH (« Trouble : déficit de l'attention/hyperactivité »), ou ADHD (« *Attention deficit/hyperactivity disorder* ») pour les Anglo-Saxons, ou MBD comme on le disait jusqu'il y a quelques années.

Dans l'étude de la KUL il a été démontré que des parents, avec l'aide de ce guide et en six séances hebdomadaires de thérapie, ont pu provoquer une amélioration très nette du comportement de leur enfant. Plus tard, le guide fut répandu par l'association de parents « *Zit stil* » et utilisé par des centaines de parents d'enfants hyperactifs, ou d'enfants vraiment atteints de syndrome hyperkinétique (TDAH).

Au premier et au sixième chapitre de ce livre, nous vous proposons une description plus détaillée des caractéristiques principales du TDAH, afin que vous puissiez vérifier si votre enfant en est éventuellement atteint. Si vous pensez que c'est le cas, il vaut mieux consulter un pédopsychiatre.

3. Ce qui nous a motivés : l'enthousiasme de parents d'enfants « normalement » hyperactifs

Via le bouche à oreille, de plus en plus de parents d'enfants « normalement » hyperactifs ont découvert ce premier guide il y a vingt ans. Par l'expression « enfants normalement hyperactifs », nous entendons les enfants qui ne souffrent pas vraiment d'un syndrome hyperkinétique, mais qui se caractérisent néanmoins par une manière d'être fréquemment extravertie, dispersée et/ou opposante. Ce premier guide a donc été lu et apprécié par des parents d'enfants « chefs de bandes », « éternels vauriens » et autres « pur-sang » indomptables, pleins de tempérament, trop remuants et débordants d'énergie. Des enfants attachants, mais qui parviennent à affoler leurs parents. Les questions pressantes de ces parents nous ont encouragés à réécrire le guide initial pour en faire un « mode d'emploi » destiné aux parents de tous les enfants hyperactifs.

4. Notre source d'inspiration : les questions de parents d'enfants hyperactifs

En écrivant *Du calme !,* nous avons tenu compte des données trouvées dans des centaines de recherches scientifiques. Mais nous nous sommes efforcés de nous tenir à distance des sujets à propos desquels scientifiques et spécialistes discutent volontiers, mais dont l'utilité concrète pour les parents s'avère parfois douteuse. Ce livre se veut donc une réponse aux questions que les parents nous posaient toujours plus. Nous nous basons donc sur ce que les *parents* trouvent important ou nécessaire et sur ce qu'eux-mêmes apprécient le plus comme conseils ou explications.

5. Nos critiques : des parents, des enseignants, des thérapeutes et les enfants hyperactifs

Le guide initial contenait un formulaire d'enquête. De cette manière, les utilisateurs pouvaient formuler leurs critiques et poser des questions. Sur base des réactions de ces parents, thérapeutes, éducateurs, enseignants et enfants, le texte a été adapté un certain nombre de fois. Jusqu'à ce qu'un éditeur enthousiaste nous ait incités à en faire un véritable livre.

Nous tenons à remercier particulièrement Bieke Meert, l'énergique présidente co-fondatrice du groupe de travail de parents « *Zit stil* » en

Belgique et qui, parallèlement, dirige un centre d'étude et d'accompagnement. Elle nous a donné beaucoup de conseils utiles et a rassemblé toutes sortes de « recettes » provenant des parents et groupes de parents qui avaient utilisé ce manuel.

6. Notre plus grand stimulant : les réactions des enfants hyperactifs eux-mêmes

Lorsque, à nos consultations, nous voyons pour la première fois des enfants hyperactifs avec leur famille, nous constatons qu'ils sont rarement très heureux. Il est souvent émouvant de voir combien ces enfants essayent de faire de leur mieux, mais échouent sans cesse et retombent dans les mêmes difficultés. Certains sont réellement dépressifs, d'autres se réfugient dans une attitude bravache ou indifférente. Lorsque les parents, avec l'aide de ce manuel, modifient leur approche de l'enfant, les débuts sont souvent difficiles : c'est une période de transition où l'enfant teste les nouvelles règles, et qui peut être très conflictuelle. Quand les parents tiennent le coup, le poulain déchaîné finit par accepter les rênes.

Chaque fois, nous sommes impressionnés de voir comment ces enfants capricieux, tristes et mécontents peuvent changer. Ils deviennent plus heureux, plus joyeux, plus enthousiastes à partir du moment où les parents ont repris le contrôle, avec tendresse et fermeté. Devenus de jeunes adultes, ils nous racontent parfois la difficulté, mais aussi l'importance, de ce moment où leurs parents ont, de commun accord, envisagé l'éducation de façon différente.

7. Ceci n'est pas un livre de lecture mais un manuel de travail pour des parents et leurs « collaborateurs » à la maison et à l'école

Les conseils de ce livre seront le plus efficaces quand *les deux* parents se libèrent chaque jour — entre 15 et 30 minutes — pour les lire et en discuter. En effet les parents qui ont déjà lu ce guide s'accordent pour dire qu'il contient beaucoup d'informations et qu'il est préférable de ne pas le lire d'une seule traite, mais par morceaux. Lisez ensemble un passage et échangez vos impressions. Faites-le ! Cela en vaut vraiment la peine ! Nous le savons par expérience : *c'est en travaillant ENSEMBLE que vous obtiendrez le plus rapidement les meilleurs résultats.* Faites passer ce texte aux membres de la famille, aux amis, aux connaissances et aux enseignants qui ont régulièrement affaire à votre enfant. On atteint des résultats surprenants quand *tous* les adultes responsables se mettent d'accord pour suivre la même ligne de conduite.

8. Plan de lecture

Nous avons tenté d'écrire ce livre dans un langage aussi compréhensible que possible. Pourtant nous n'avons pu éviter de temps à autre un terme technique. Avec tous ces termes techniques, nous avons composé *un petit dictionnaire de poche*. Bien qu'il ne constitue pas une lecture passionnante, nous vous conseillons de le parcourir.

Le livre est divisé en six chapitres.

Le premier chapitre concerne les causes les plus fréquentes de l'hyperactivité.

Dans *les deuxième et troisième chapitres,* vous trouverez des directives concrètes pour désapprendre quelque chose à votre enfant de manière efficace et agréable. L'efficacité de cette approche a été démontrée scientifiquement, notamment auprès d'enfants ayant de petits et/ou de graves problèmes de comportement. Pour faire face à une situation problématique, il vaut mieux pendant un certain temps suivre les directives à la lettre.

Les conseils d'éducation présentés dans le *quatrième chapitre* sont spécifiquement destinés aux enfants présentant un vrai syndrome hyperkinétique. Ils sont basés sur notre expérience de thérapeutes avec plusieurs dizaines d'enfants, qui, en plus de leur grande hyperactivité, présentaient des troubles de la concentration et de l'apprentissage. Pour ces enfants, appelés aussi « TDAH », toutes les recommandations figurant au chapitre 4 se sont avérées très importantes. Pour les autres — c'est-à-dire la majorité, les enfants « normalement » hyperactifs — vous pouvez y puiser ce qui vous semble le plus adapté.

Parce qu'une bonne collaboration entre les deux parents est d'une extrême importance, nous y avons consacré un *cinquième chapitre* tout à fait indépendant.

Dans *le sixième chapitre*, nous donnons plus d'explications à propos des enfants atteints d'un syndrome hyperkinétique, ou TDAH.

9. Si ce livre ne suffit pas, cherchez de l'aide !

Si, même avec ce mode d'emploi, vous n'arrivez pas à ramener le comportement de votre enfant sur la bonne voie, n'attendez pas trop longtemps pour demander de l'aide à des professionnels. Veillez à choisir un thérapeute qui connaît bien le syndrome hyperkinétique. Veillez aussi à ce que, parmi toutes ses convictions de thérapeute, il attache de l'importance au travail mené avec toute la famille !

Si vous ne savez pas où aller, demandez conseil à votre médecin traitant, à un centre P.M.S. (centre psycho-médico-social attaché à l'école de votre enfant), ou à un centre de santé mentale. S'ils existent dans votre région, vous pouvez aussi demander conseil à un des groupes de parents d'enfants TDAH. Ces gens savent mieux que quiconque où vous pourrez trouver la meilleure aide dans votre entourage ou dans votre région. Nulle part ailleurs, vous ne trouverez plus de compréhension, de bons conseils et de soutien qu'auprès d'un groupe de parents qui sont confrontés au quotidien avec ce même problème. Nous vous invitons donc avec enthousiasme à vous organiser.

Si vous mettez sur pied un groupe d'entraide, vous pouvez demander conseil auprès de différentes associations dont vous trouverez les coordonnées en fin de ce livre.

Petit dictionnaire de poche

Explication de quelques termes techniques que vous entendrez ou lirez souvent en rapport avec l'hyperactivité de votre enfant.

Attention

Ce mot désigne le fait d'être attentif, tant dans le sens de « prendre soin » (de la part des parents) que dans le sens « d'avoir l'esprit à quelque chose » (de la part des enfants). L'utilisation du terme « manque d'attention » dans le sens de « trouble de l'attention » risque facilement d'induire en erreur. En effet, certains pourraient penser qu'il s'agit d'un manque d'attention de la part des parents ; ce n'est pas de cela qu'il s'agit dans ce livre.

ADHD

Abréviation de « *Attention Deficit Hyperactivity Disorder* ». Les Américains et les Anglo-Saxons préfèrent maintenant cette appellation à celles qui l'ont précédée, telles que « syndrome hyperkinétique », MBD ou atteinte cérébrale. Les professionnels estiment que le syndrome peut parfois privilégier une des ces composantes : c'est-à-dire l'attention déficitaire, l'incapacité à se concentrer, l'énorme distraction... ou alors l'impulsivité, l'agitation perpétuelle, la nervosité du corps ; dans d'autres cas enfin, toutes les composantes sont également présentes. En français, le terme équivalent est TDAH (trouble : déficit de l'attention/hyperactivité). Voir chapitre 6.

Centre P.M.S.

En Belgique, centre psycho-médico-social rattaché à des écoles pour dépister les problèmes chez les élèves soit en apportant une aide directement soit, si nécessaire, en les confiant à des thérapeutes spécialisés. Dans d'autres pays, on parle de psychologues scolaires.

Chargé d'enseignement de soutien

Enseignant qui offre son aide à des enfants qui ont des difficultés d'apprentissage et des troubles d'apprentissage pas trop graves. Un chargé d'enseignement de soutien peut rendre de bons services en apprenant à un enfant de meilleures méthodes d'étude ou en aidant à rechercher la raison pour laquelle il preste en-deçà de ses possibilités intellectuelles. Parfois un chargé d'enseignement de soutien est appelé professeur de remédiation ou *remedial teacher*.

Comorbidité

Apparition simultanée chez un individu de deux ou plusieurs troubles d'une manière plus fréquente que ce à quoi on pourrait s'attendre pour chacun pris séparément. Ainsi le TDAH et les troubles du comportement surviennent (chez les enfants) beaucoup plus souvent simultanément que ce à quoi on pourrait s'attendre si ces deux troubles n'avaient absolument rien à voir ensemble. Ce phénomène existe aussi dans le cadre de maladies physiques : par exemple, asthme et infections pulmonaires surviennent souvent de pair.

Coordination (et troubles de la coordination)

La coordination est une forme de collaboration organisée. Pensez à une équipe de football : onze joueurs de haut niveau peuvent perdre contre onze joueurs moins bons, si ces joueurs de haut niveau ne collaborent pas de manière organisée et coordonnée. De la même manière, nos sens doivent travailler ensemble de manière organisée, tout comme nos sens avec nos muscles et nos muscles les uns avec les autres… Il arrive que les sens et les muscles ne présentent aucun trouble fonctionnel en soi, mais qu'ils ne parviennent pas à travailler en harmonie. Dans ce cas, nous parlerons de « trouble de la coordination » (voir chapitre 6).

Délinquant

Quelqu'un qui commet des méfaits, qui trompe, vole, ment, maltraite les autres. En résumé, quelqu'un qui agit contre la loi. Le mot « criminel » signifie la même chose mais il est surtout utilisé dans le milieu de la police et de la justice. Les thérapeutes utilisent plutôt « délinquant ».

Diagnostic

Il s'agit de la reconnaissance ou de la dénomination d'une maladie suite au classement de caractéristiques et de phénomènes observés. Certains symptômes sont décelés grâce à un regard attentif (par exemple, l'hyperactivité ou la motricité maladroite) ; d'autres ne se révèlent qu'après une consultation, des tests ou la réalisation d'examens médicotechniques (prise de sang, radiographie, électro-encéphalogramme, résonnance magnétique).

Dyscalculie

Difficultés en calcul (voir aussi : *dysfonctionnement*).

Dysfonctionnement

On parle de dysfonctionnement lorsqu'un organe ou un ensemble d'organes, sans être nécessairement lésés, ne fonctionnent pas bien. Il est possible que l'organe soit mal réglé, ou que les composants de l'ensemble des organes soient mal coordonnés (troubles de coordination). Un excellent moteur à essence fonctionnera mal (= dysfonctionnement) si par exemple l'allumage se fait trop tôt ou trop tard. Une équipe de bons joueurs de football peut mal jouer (= dysfonctionnement) si les joueurs ne jouent pas bien ensemble. Dans un cerveau en bon état, quelque chose peut mal fonctionner si par exemple ses différents éléments sont organisés entre eux de manière insuffisante (Voir aussi : *troubles de la perception* et chapitre 6).

Dyslexie

Difficultés en lecture (voir aussi : *dysfonctionnement, troubles de la perception*).

E.E.G. (Électro-encéphalographie)

Nos cellules cérébrales émettent des milliers de petits courants électriques à peine mesurables. L'ensemble de tous ces petits influx est assez important pour être mesuré à l'extérieur du crâne. Nous appelons cela une *électro-encéphalographie* ou *E.E.G :* celle-ci nous permet de voir, à la surface du cerveau, si de grands groupes de cellules cérébrales réagissent de manière perturbée. Mais si la perturbation est située plus profondément dans le cerveau, ou si seul un petit groupe de cellules réagit anormalement, cela ne se verra pas sur l'E.E.G. Donc si, chez un enfant hyperactif, l'atteinte cérébrale est très légère, elle ne sera pas visible sur l'électro-encéphalogramme, c'est-à-dire le tracé. Avec certaines techniques de « scanner », qui ne sont pas encore utilisées en clinique parce qu'elles sont encore en train de se développer, on peut voir que chez beaucoup d'enfants TDAH, une petite partie du cerveau ne fonctionne pas tout à fait bien. Alors qu'avec la seule E.E.G., on ne découvre aucune anomalie.

Enfants hyperactifs

Ce sont les enfants dont il s'agit dans ce livre. Ils vivent et provoquent des problèmes à cause de leur comportement longuement, largement et intensément extraverti. Cette « extraversion » recouvre en proportions variables : l'agitation motrice ou posturale, le désordre, le bruit, l'impulsivité, l'affirmation de soi intempestive. Elle est d'autant plus liée à l'inattention et au défaut de concentration que l'on se rapproche du sous-groupe « TDAH ». L'angoisse, la mauvaise image de soi et le sentiment d'injustice sont aussi fréquemment présents, et l'on ne sait pas toujours s'il s'agit de causes ou de conséquences de leur comportement agité. Un peu schématiquement, nous en avons distingué deux catégories : les « normalement » hyperactifs et ceux qui sont atteints du syndrome hyperkinétique (TDAH). Chez ces derniers, l'agitation, l'incoordination psychomotrice, l'inattention et l'impulsivité sont des plus extrêmes et on observe souvent une atteinte cérébrale. L'expérience montre qu'il existe plus de garçons hyperactifs que de filles hyperactives. C'est la raison pour laquelle nous utiliserons dans ce livre le pronom masculin « ils » pour les désigner. Cependant, il existe vraisemblablement autant de filles que de garçons hyperactifs. En effet, notre modèle socio-culturel est tel que l'hyperactivité chez une fille est moins frappante ou, en tout cas, moins pénible que chez un garçon, où bien souvent elle est combinée à l'agressivité.

Enseignement spécial

En Belgique, il s'agit de l'enseignement destiné à des enfants présentant un problème spécifique au niveau de l'apprentissage. Cela peut être un handicap physique on un handicap mental, mais aussi des troubles du comportement. Il en existe huit types. Les enfants hyperactifs qui fréquentent cet enseignement spécial sont le plus souvent en type 3 ou 8. Pour certains enfants hyperactifs, cet enseignement a de réels avantages, par exemple :

- quand ils apprennent difficilement en raison de leur comportement dérangeant;
- quand ils ne peuvent pas suivre le rythme de l'enseignement normal à cause de leurs problèmes d'apprentissage.

Épilepsie

L'épilepsie se produit quand une partie des cellules cérébrales se comporte simultanément de façon anormale, ce qui provoque entre autres des mouvements divers et des crampes. C'est une sorte de décharge électrique dans le cerveau. Quand la « décharge » reste circonscrite, il n'y a pas de crise visible, mais plutôt des symptômes limités : l'enfant semble par exemple absent pendant un instant. Dans de rares cas, l'épilepsie ne se traduit que par des troubles de comportement.

Étiologie psychosociale

On parle d'étiologie psychosociale lorsque le comportement problématique de l'enfant est provoqué par le stress, par ses états d'âme, ses relations avec les autres, la façon dont il traite les autres et dont les autres le traitent. Beaucoup de thérapeutes réunissent le psychique et le social dans l'expression « psychosocial », parce que ces deux concepts sont en pratique difficiles à distinguer. Par exemple, ce que nous ressentons est influencé par nos relations avec les autres. Mais nos relations avec eux sont en même temps influencées par nos sentiments. La plupart du temps, des facteurs biologiques jouent aussi un rôle : tel enfant peut être plus sensible au stress que tel autre.

Handicapé intellectuel ou mental

Manière ancienne d'appeler quelqu'un qui ne dispose pas de possibilités de compréhension suffisantes, qui a un quotient intellectuel (Q.I.) bas. Autrefois on parlait en termes de *débile* et *imbécile*. Cela ne se pratique plus maintenant, car ces mots comportent une connotation péjorative. Actuellement, on utilise plus souvent une périphrase : « Personne, ou enfant, qui souffre d'un retard mental ou intellectuel ».

Hyperkinétique

Terme composé du grec « *hyper* » : très, trop, exagéré et « *kinésis* » : mouvement. Donc : très remuant, exagérément remuant. Dans ce texte, nous réserverons l'appellation « hyperkinétique » à nos cas les plus graves, c'est-à-dire aux enfants qui souffrent de T.D.A.H.

Impulsif

Se dit d'une personne qui agit sans réfléchir. Dans certaines situations, il est bon d'agir impulsivement et de suivre sans trop réfléchir une intuition soudaine. Mais quelqu'un qui agit constamment de manière impulsive court le risque de faire beaucoup de bêtises, même s'il est très intelligent.

Intelligence

L'ensemble des capacités intellectuelles. On peut constater ici qu'il existe beaucoup de formes d'intelligence, qui ne se trouvent pas d'office chez une seule et même personne. Par exemple un garçon socialement maladroit, voire considéré comme scolairement incompétent, peut être doué d'un œil de menuisier parfait (excellente perception spatiale). Ou encore, un professeur d'université peut être complètement distrait (haut niveau d'intelligence abstraite mais incapacité à coordonner son bureau et son agenda).

Labilité

Le fait d'être d'humeur changeante. La labilité émotionnelle est une variabilité trop importante des états d'âmes, des sentiments. Ainsi un enfant fatigué peut être pleurnichard et difficilement abordable. Et s'il a la fièvre, c'est encore pis.

Logopède

Nom utilisé en Belgique pour *orthophoniste*

MBD

À l'origine, il s'agissait de l'abréviation de « *Minimal Brain Damage* », ce qui veut dire : *lésion cérébrale réduite et légère*. Plus tard, cela a été utilisé comme abréviation de « *Minimal Brain Dysfunction* », ce qui veut dire : *petit dysfonctionnement cérébral*. Au fil du temps, le terme est tombé en désuétude, parce qu'on ne parvenait pas à détecter les lésions que l'on supposait exister. Pourtant, actuellement, les moyens les plus modernes d'exploitation du cerveau montrent souvent que, quand on a à faire à des enfants atteints de TDAH, il existe certaines dysfonctions du cerveau. C'est le cas par exemple si on explore le métabolisme des différentes zones cérébrales. Dans ce livre, nous ne parlons plus de MBD.

Parents
Ce sont deux personnes qui, lorsqu'elles ont un enfant hyperactif, supportent de manière injuste la responsabilité de tous les problèmes qui accompagnent cette hyperactivité (voir chapitre 5).

Pensée séquentielle
Le fait de penser par petites étapes. Par exemple, pour réaliser un cake, « Je prends d'abord…puis je fais… alors… » Ou encore : « Quand je pose mon mouchoir sur la lampe, il devient chaud, puis…, alors…, ensuite…, donc, il vaut mieux que je ne le fasse pas ». Certains enfants atteints de TDAH éprouvent des difficultés à penser spontanément de manière séquentielle.

Psychopharmacologie
Science qui traite des médications qui exercent une influence sur le fonctionnement du cerveau, et de là sur le comportement et les émotions. Des enfants réellement TDAH et/ou leurs parents ressentent parfois une réelle amélioration sous l'effet de médicaments, notamment des psycho-stimulants (voir aussi chapitre 6).

Remedial teacher
voir *chargé d'enseignement de soutien*.

Super-parents
Ce sont les parents qui réussissent à bien élever un enfant hyperactif. Ils méritent notre admiration, ainsi que toute notre compréhension et notre soutien, même si de temps à autre ils perdent courage et baissent les bras.

Symptôme
Terme technique médical pour désigner une caractéristique ou un signe de maladie. Par exemple, l'hyperactivité est un des nombreux symptômes du syndrome TDAH.

Syndrome
Il s'agit d'un terme technique médical, utilisé pour désigner un ensemble de signes de maladie, une série de caractéristiques qui surviennent conjointement. Le syndrome TDAH par exemple, se caractérise entre autres par le groupe de symptômes tel que hyperactivité, troubles de l'attention, impulsivité…

Thérapie cognitive
Thérapie par laquelle on apprend au patient comment il peut changer certaines manières spontanées de penser, qui lui font du tort (voir chapitre 6).

Troubles
Dans ce livre, nous ferons la distinction entre *troubles* et *difficultés*.

Nous parlerons de *troubles* quand il s'agit de douleur ou de souffrance, et lorsque la gravité des plaintes et des symptômes est tellement importante que l'enfant n'arrive plus à fonctionner correctement. Il y a souvent des signes que de tels symptômes sont directement provoqués par une anomalie dans le fonctionnement du cerveau.

Nous utiliserons le terme *difficultés* ou *problèmes* lorsque les enfants sont moins gênés par leurs plaintes et leurs symptômes, et qu'ils peuvent « vivre avec » plus ou moins normalement. Dans ce cas, il n'est souvent question que des plaintes psychosociales.

(Voir aussi *dysfonctionnement, troubles de la perception*).

Troubles de l'apprentissage

Distinguons ici deux notions : dans le premier cas, il s'agit d'enfants qui ont du mal à apprendre suite à un manque d'intelligence ; dans le second, ce sont des enfants qui ont un trouble d'apprentissage au sens plus strict. Ces derniers disposent d'une intelligence en fait normale, mais apprennent de manière défectueuse à cause de troubles spécifiques de leur fonctionnement cérébral (par ex., la dyslexie). (Voir *dysfonctionnement, troubles de la perception).*

Troubles de la perception

Il s'agit d'un problème qui se présente lorsqu'il s'agit d'intégrer, de décoder ce que les sens perçoivent. Pensez à une conversation : le son doit être traduit en impulsions nerveuses. À leur tour, ces impulsions doivent être correctement déchiffrées, comprises et retenues par le cerveau. Même chez un enfant intelligent et qui entend bien, quelque chose peut « déraper » dans le déchiffrage des impulsions nerveuses. Parfois, l'information qui vient des sens n'est pas filtrée, pas tamisée. Dans le flot des choses à voir et à entendre, certains enfants hyperactifs (souvent les enfants souffrant de TDAH), n'arrivent pas à trier ce qui est important. Ou encore, ce qui arrive par un sens (l'oreille par exemple) gêne ce qui entre par un autre (par exemple l'œil). D'autres troubles de la perception gênent la lecture (dyslexie) ou le calcul (dyscalculie). Vous trouverez plus de renseignements à ce sujet au chapitre 6 (voir aussi *dysfonctionnement*).

Exemple préalable

Les parents de Johan furent les premiers avec qui nous avons appliqué les règles de ce manuel, pour un problème sérieux.

Johan avait à l'époque cinq ans. Un garçon intelligent, mais totalement intraitable et épouvantablement turbulent. Désobéissant sans limites, il détruisait tous les jouets, y compris ceux de son petit frère. Il frappait et battait les enfants du voisinage et ses camarades d'école. Personne ne voulait plus jouer avec lui. Il avait démoli les haut-parleurs de l'installation hi-fi de son père. Dès que ses parents le quittaient des yeux, ne fût-ce qu'une minute, il provoquait de gros problèmes pour les autres et pour lui.

C'était grave et parfois même réellement dangereux. Par exemple à la plage, la mère était obligée d'attacher son fils au moyen d'une corde allant de sa cheville à la chaise-longue. Johan n'avait plus que quelques mètres de liberté de mouvement et sa mère n'en avait plus du tout. Johan n'admettait rien de ce qui provenait de ses parents et n'obéissait d' aucune manière. Il avait par ailleurs acquis un sérieux retard par rapport aux autres enfants de son âge, qui s'habillaient seuls, mangeaient seuls, et pouvaient établir entre eux des relations normales, etc.

Un jour, alors qu'elle était occupée à la cuisine, sa mère entendit un chahut terrible. Elle courut vers le living et vit Johan occupé à donner des coups avec une planche sur l'aquarium de son père. Il avait arraché la planche à la bibliothèque ! Sa mère lui cria de cesser immédiatement son petit jeu. Là-dessus, Johan donna à sa mère un coup de planche dans la poitrine, ce qui lui fit très mal. La mère se fâcha et donna une fessée à son fils. Sentant qu'elle était très énervée, elle eut peur de ne plus pouvoir se contrôler. Aussi elle enferma le garçon dans sa chambre et courut demander de l'aide à une voisine. La voisine accompagna la maman. Quand elles ouvrirent la porte de la chambre, il leur sembla qu'une tornade y était passée. Le contenu des tiroirs était répandu sur le sol, le matelas était éventré et Johan donnait des coups sur la lampe avec un parapluie. La voisine téléphona au père de Johan. Il arriva immédiatement. Tous ensemble, — le père, la mère, Johan et la voisine — vinrent alors en urgence à la consultation de pédopsychiatrie.

Trois semaines plus tard, le problème était résolu. Le père avait dû prendre une semaine de congé, car il était impossible à la mère de gérer toute seule le programme de rééducation proposé. Johan apprit d'abord à obéir. Ensuite seulement, il apprit à s'habiller lui-même, à jouer tout seul, à aider sa mère, etc. C'était une métamorphose totale, presque trop belle pour être vraie, mais nous gardons encore un certain nombre de cassettes vidéo comme « pièces à conviction ».

Maman pouvait enfin aller à la plage sans devoir attacher Johan à sa chaise comme un chiot mal élevé. Elle avait sur elle un sifflet d'arbitre qu'elle utilisait de temps à autre pour l'appeler. Johan se montrait alors et sa mère savait où il était et avec qui il jouait. La liberté de Johan et de sa maman a pu ainsi s'accroître.

Un concours de circonstances montra quelques semaines plus tard que ce retournement de situation n'était pas dû au hasard et que c'était effectivement notre méthode qui avait provoqué l'amélioration. Un jour, la machine à laver provoqua une inondation dans toute la maison de Johan ; par ailleurs le père de sa mère tomba malade, et en se hâtant pour aller le voir, celle-ci se coinça le doigt dans une porte. Dans son désarroi, la mère oublia la « nouvelle approche » et Johan retomba dans ses anciennes habitudes : il devint à nouveau intraitable. Un coup de téléphone suffit pour remettre chacun sur la bonne voie. Un mois et demi plus tard, tout était à nouveau rentré dans l'ordre et les règles ont pu être adaptées de manière plus souple.

La maman avait reçu pas mal de remarques élogieuses de la part de la famille, des amis et voisins, qui avaient constaté chez Johan un changement radical. Nous avons alors démarré avec un petit groupe de parents qui se sont mis à étudier cette approche pour résoudre les problèmes avec leurs enfants.

Maintenant, sept ans plus tard, Johan va à l'école secondaire. Ses parents n'ont plus rencontré avec lui d'autres problèmes que ceux posés par la vie quotidienne et par une puberté normale.

(Extrait de : M. Bisschop et T. Compernolle,
J'apprends à me débrouiller, Bruxelles,
René Malherbe, 1988).

Chapitre 1 — *L'hyperactivité et ses causes principales*

1. L'hyperactivité

L'hyperactivité est une forme de comportement problématique. Ce terme est à distinguer du TDAH, que nous appelons un trouble. En général, la différence entre un problème et un trouble réside en ceci qu'avec un problème on peut encore assez bien fonctionner, tandis qu'un trouble est dû à des problèmes tellement importants qu'on ne peut plus fonctionner correctement.

Ainsi, il peut arriver à tous les enfants d'être anxieux de temps en temps. Cela fait partie de certaines étapes de la vie. Les angoisses des petits de trois à quatre ans sont bien connues. La plupart du temps, les parents font des merveilles en les apaisant simplement ou en leur racontant des histoires. Cependant, lorsque les angoisses prennent des formes qu'on ne peut plus maîtriser (cela peut apparaître le plus souvent vers deux à trois ans, nous parlons alors de trouble d'angoisse : ce sont des enfants, par exemple, qu'on n'arrive pas à mettre au lit le soir ni à faire lever le matin, et qui à l'école tombent de sommeil. Un examen et une aide spécialisés sont alors nécessaires. On parle de trouble, car les plaintes sont telles que l'enfant ne peut plus fonctionner correctement.

L'hyperactivité, telle qu'elle sera traitée en détail dans les premiers chapitres de ce livre, peut être définie comme un problème aussi longtemps que l'enfant n'en est pas gêné au point de mal fonctionner. Cela devient un trouble lorsque l'enfant est rejeté socialement, que ses capacités régressent ou que les symptômes agissent sur la famille de façon paralysante. Dans ce cas, il y a de fortes chances pour que nous ayons affaire à un TDAH. Au chapitre 6, le syndrome TDAH sera étudié de manière détaillée. Pour parler de TDAH, il faut cependant la présence de nombreuses difficultés. En effet, ce syndrome doit avoir provoqué des plaintes depuis la petite enfance ; il doit y avoir au moins six sortes de plaintes différentes ; elles doivent s'être présentées en de nombreuses occasions, etc.

Dans les manuels, le choix des critères est sévère, parce qu'on veut éviter un « surdiagnostic », c'est-à-dire un diagnostic abusif chez des enfants qui ne présentent pas un TDAH tel qu'il est défini scientifiquement. Nous pensons que cela se produit notamment aux Etats-Unis où ce phénomène entraîne de surcroît une surconsommation de médicaments. En Europe, ce n'est pas le cas jusqu'à présent, ce serait plutôt l'inverse : pas mal d'enfants sont examinés beaucoup trop tard et ils ont traîné leur souffrance longtemps avant que la thérapie adéquate ne leur soit appliquée.

2. Les causes les plus fréquentes de l'hyperactivité

En simplifiant, on peut répartir les causes les plus fréquentes du comportement hyperactif en cinq groupes :
- Causes psychosociales : ce sont des influences provenant de l'environnement comme des événements ou un contexte de vie entraînant des émotions intenses, un mode d'éducation inapproprié…
- Facteurs héréditaires : ce sont des facteurs génétiques, innés, qui prédisposent à un tempérament paisible ou agité.
- Lésion cérébrale : elle survient lorsque des parties du cerveau sont abîmées par une infection, une opération, ou suite à un accident.
- Dysfonctionnement cérébral : se dit lorsque de petites zones du cerveau ne fonctionnent pas correctement, à cause d'un mauvais équilibre des substances chimiques cérébrales (ceci ne se mesure cependant pas encore dans les examens médicaux courants).
- Allergie alimentaire : hypersensibilité à certains produits alimentaires.
- Combinaison de facteurs.

Causes psychosociales

L'origine de l'hyperactivité chez environ ⟨...⟩ hyperactifs est extérieure à eux-mêmes : elle est sou⟨...⟩ sociale : stress, difficultés à la maison ou à l'écol⟨...⟩ élevé ou trop faible), méthodes d'éducation e⟨...⟩ traitance), événements graves comme un décès, le chômage ou une mala die dans la famille... De telles circonstances ou des événements stressants soumettent l'enfant à une pression intense, à laquelle il réagit par de l'hyperactivité.

Un enfant « normal » mais trop peu dirigé par ses parents, ou un enfant qui vit dans une famille où l'ambiance est tendue, peut devenir hyperactif et impulsif. Un enfant perdu dans une classe où il ne parvient pas à suivre aura des difficultés d'apprentissage et il aura du mal à se tenir tranquille...

Si votre enfant est hyperactif à cause de tensions, de stress ou d'angoisse, il faudra d'abord en chercher *la source.* avant de vouloir traiter.

Si toute la famille collabore, l'hyperactivité due à des problèmes psychosociaux sera résolue en quelques semaines ou quelques mois. Plus loin, nous reparlerons des situations où le développement de l'enfant a déjà été compromis dans ses plus jeunes années par négligence, laxisme ou par de mauvais traitements physiques et/ou sexuels. De tels troubles du développement exigent parfois des années d'aide spécialisée.

Facteurs héréditaires

Des facteurs héréditaires jouent un rôle dans l'hyperactivité de certains enfants, mais il est rare qu'ils la déterminent à eux seuls : les influences de l'entourage (signalées plus haut) viennent s'y ajouter pour faire basculer les choses.

En quoi consistent ces facteurs héréditaires ?

Des facteurs génétiques jouent un rôle dans l'établissement d'un tempérament plus ou moins actif de l'enfant (même si l'environnement influence toujours également le développement du tempérament).

Nous pouvons comparer ce phénomène à la taille du corps : ce sont surtout des facteurs héréditaires qui déterminent la taille que nous atteindrons. La moitié des hommes mesurent entre 1m73 et 1m82. Mais il y a des hommes qui sont plus petits que 1m60 ou plus grands que 2m. Ils ne pas anormaux pour autant, ils appartiennent seulement à la minorité. Ce qui ne les empêche pas de rencontrer certains problèmes : ils trouvent moins facilement que les autres des vêtements de confection, on se moque parfois d'eux, les grands rentrent la tête dans les épaules, ils ne trouvent pas de lit adapté à leur taille…

Il en est de même avec l'hyperactivité des enfants : ils héritent d'un tempérament plus ou moins remuant. La plupart des enfants sont « normalement » remuants, mais un petit groupe est extrêmement tranquille ou extrêmement remuant. En soi, ce n'est ni une anomalie ni une maladie.

Si l'hyperactivité est déterminée génétiquement, il est possible que vous découvriez que d'autres membres de votre famille ont eu dans leur enfance des problèmes de ce type et qu'ils en souffrent peut-être encore.

Nous avons souvent vécu des moments fort émouvants, où un père découvrait lors d'un entretien à propos de son enfant que lui-même était ou avait été atteint de TDAH. Cela provoquait parfois des scènes comiques, parfois des larmes. De toute manière, cette découverte entraînait une reconnaissance des plaintes de l'enfant.

Lésions cérébrales non héréditaires

Même si un enfant naît hyperactif, la cause n'est pas nécessairement génétique (et héréditaire). En effet, l'hyperactivité peut avoir été provoquée — en tout ou en partie — par des substances nocives ou toxiques pour le développement du cerveau du fœtus pendant la grossesse (alcool, drogues, certains médicaments, le tabac, trop de stress). Des problèmes à l'accouchement peuvent eux aussi être responsables de lésions, ou d'une souffrance du cerveau. L'enfant peut alors naître porteur de petites lésions cérébrales, ou avoir un léger dysfonctionnement cérébral qui n'est, dans ce cas, absolument pas héréditaire. On parle dans tous ces cas de lésions congénitales.

Par ailleurs, d'autres lésions cérébrales peuvent survenir par exemple après une méningite, après un accident, comme conséquence d'une intoxication au plomb, ou encore sont associées à un handicap mental ou à de l'épilepsie. Concernant ce groupe de causes, on parlait autrefois de MBD (« lésions cérébrales a minima »).

Réparer des lésions au cerveau est actuellement impossible. Il est cependant possible, à long terme, que des parties saines du cerveau prennent peu à peu le relais — de façon plus ou moins complète — de ce que faisait la partie endommagée. Par exemple, s'il y a eu une lésion dans l'hémisphère gauche du cerveau, l'hémisphère droit peut parfois partiellement compenser.

Dysfonctionnement cérébral

Le quatrième groupe de causes concerne les enfants qui n'ont pas à proprement parler une lésion, mais où la « chimie » du cerveau fonctionne mal. Vous pourriez comparer cela avec un bon moteur qui fonctionne avec une mauvaise essence. L'image que nous employons volontiers à ce propos est que la machine cérébrale manque de « liquide de freins » et que les freins fonctionnent donc mal.

Les stimulations nerveuses doivent passer des cellules cérébrales (les neurones) vers les nerfs puis, par des relais nerveux, jusqu'aux muscles, aux parois vasculaires, aux poumons, etc. La motricité, l'impulsivité, la concentration… sont déterminées par la présence d'un certain type de protéines (appelé « neurotransmetteurs » ; un neurotransmetteur important est la dopamine), dans les espaces entre les neurones.

Un autre facteur important est la façon dont ces neurotransmetteurs déterminent les influx nerveux, qui sont des courants électriques. Tout ici se passe au niveau des « récepteurs ». Le tempérament des enfants, et donc l'éventuelle agitation, est déterminé par ce mécanisme. Comme dit plus haut, nous parlons de dysfonctionnement lorsque ce mécanisme ne fonctionne pas de façon adéquate. Il y a une gradation entre « bon fonctionnement », « fonctionnement moyen » et « dysfonctionnement grave ». Dans le dernier cas, on parlera de TDAH.

La quantité de neurotransmetteurs et de récepteurs est déterminée en bonne partie par l'hérédité. Voilà pourquoi des enfants TDAH ont souvent un parent qui l'est également.

Enfin, nous signalerons encore dans ce paragraphe que bon nombre de problèmes de psychiatrie infantile peuvent être causés par le mauvais fonctionnement des neurotransmetteurs : la dépression, les psychoses infantiles, ou même un trouble psychologique post-traumatique.

Allergie alimentaire

Si vous n'avez pas l'habitude de boire du café et que vous buvez quelques tasses de café très fort l'une à la suite de l'autre, il se peut que vous deveniez très agité, voire très remuant et que vous ne puissiez trouver le sommeil pendant plusieurs heures. Cette agitation a été provoquée par la présence d'une substance excitante dans la boisson. Certaines personnes deviennent déjà très nerveuses après une demi-tasse de café : nous disons alors qu'elles sont hypersensibles au café.

En médecine, on parle d'hypersensibilité (allergie) lorsque le corps réagit de manière exagérée à des quantités minimales d'une substance donnée. Par exemple, lorsqu'une piqûre d'abeille provoque le gonflement de toute la jambe. Certains enfants sont hypersensibles à des colorants et à des conservateurs alimentaires particuliers (tous ces produits sont appelés « additifs »). Ces enfants réagissent alors en étant hyperactifs, voire agressifs. Cependant cela ne concerne qu'une faible minorité des enfants atteints d'hyperactivité. Dans quelques cas très rares [1], il se peut qu'un enfant soit allergique à des aliments naturels tels que le lait et les céréales, même sans additifs. On désigne parfois cette hypersensibilité, c'est-à-dire celle qui se manifeste par une hyperactivité, par le terme « allergie alimentaire », mais cette dénomination n'est pas correcte, médicalement parlant.

Dépister une telle hypersensibilité est un vrai travail d'enquêteur. C'est le rôle de l'allergologue (médecin spécialisé dans les allergies). Cependant, la plupart des tests cutanés utilisés n'apportent qu'une faible certitude diagnostique. La peau peut fortement réagir à des substances qui n'exercent pas d'influence sur le comportement ; inversement, des substances qui ont une nette influence sur le comportement n'entraînent pas de réaction cutanée. La plupart du temps, on ne détecte cette sensibilité qu'avec la collaboration d'un diététicien. Il pourra par exemple conseiller un régime strict (basé sur une alimentation dont les chances de déclencher une réaction allergique sont quasiment nulles), puis y ajouter progressivement des substances suspectes et guetter les réactions de l'enfant au moyen d'une grille d'observations. Cela reste un travail très délicat.

Si on trouve l'allergène, le problème devient le suivant : comment obtenir d'un enfant qu'il suive à long terme un régime sans sucre, sans colorant, ou sans chocolat ? Tout l'entourage doit y veiller : les parents bien sûr, mais aussi les frères et sœurs, les grands-parents, les enseignants, les voisins, les parents des petits copains qui organisent des goûters et surtout l'enfant lui-même.

Ceci dit, lorsque l'hyperactivité est réellement la conséquence d'une telle hypersensibilité, un régime adapté donne parfois des résultats fort positifs. Par exemple, un enfant de neuf ans se comportait de manière

---

1. Ces cas sont beaucoup plus rares que certains magazines populaires ne le suggèrent.

tout à fait normale, lorsqu'il suivait bien son régime sans chocolat. Mais un seul bâton de chocolat le rendait hyperactif et agressif pendant une demi-journée.

Combinaison de facteurs

L'hyperactivité provient fréquemment d'une combinaison de causes. Cela rend l'examen, le diagnostic et le traitement souvent très difficiles.

EXEMPLE 1

Christophe est hyperactif suite à un léger trouble de fonctionnement cérébral. Il présente aussi d'importants problèmes d'apprentissage. Ceux-ci ne sont cependant pas la conséquence directe du dysfonctionnement cérébral mais sont provoqués indirectement par l'hyperactivité.

Cause	→ conséquence	→ conséquence indirecte
Trouble du fonctionnement cérébral	→ hyperactivité	→ difficultés d'apprentissage

Figure 1

EXEMPLE 2

À l'inverse de Christophe, Jean-François souffre d'un dysfonctionnement cérébral qui le limite dans ses apprentissages. A cause de cela, il ne suit pas bien en classe et a des ennuis avec sa famille et à l'école. Il devient alors hyperactif.

Cause	→ conséquence	→ conséquence indirecte
Trouble du fonctionnement cérébral	→ trouble d'apprentissage	→ hyperactivité

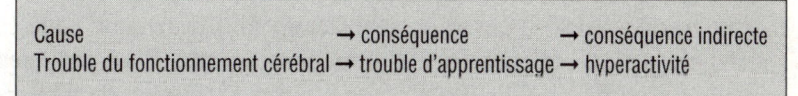

Figure 2

EXEMPLE 3

Dans d'autres cas, l'hyperactivité est la conséquence d'un simple concours de circonstances. Du fait de son hérédité, Denis est très remuant. Il grandit dans une famille où son éducation est peu structurée. En conséquence, il court plus de risques qu'un autre enfant de réagir par une agitation exagérée et dérangeante. Prises séparément, les deux causes ne suffisent pas pour provoquer une hyperactivité perturbatrice mais, combinées, elles précipitent la décompensation.

> Tempérament remuant + approche inadéquate de l'enfant → hyperactivité
> Tempérament remuant + approche correcte de l'enfant → pas d'hyperactivité
> Tempérament ordinaire + approche inadéquate → peu de chances d'hyperactivité

Figure 3

EXEMPLE 4

Des cercles vicieux peuvent aussi se former. Les répercussions négatives d'un tempérament hyperactif sur les parents, la famille et les enseignants aggravent souvent les difficultés. Les parents essaient un peu de tout, mais sans résultat. Ils commencent alors à se faire mutuellement des reproches ou deviennent déprimés. L'ambiance familiale devient pesante et négative, la famille se laisse aller. Et ceci est une catastrophe, car le problème de comportement d'un enfant trop remuant empire dans une telle situation familiale. À la longue, il devient impossible de déterminer la cause première : c'est la question de « l'œuf ou la poule ? ».

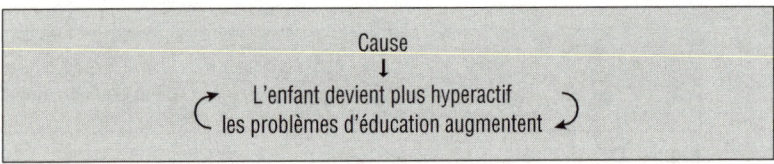

Figure 4

Vous comprendrez qu'il est souvent difficile de dégager la cause précise d'une hyperactivité dérangeante. C'est pour cela qu'un enfant hyperactif doit être bien examiné. Et ce d'autant plus lorsqu'il existe à côté de l'hyperactivité d'autres problèmes et peut-être un syndrome TDAH. Aucun spécialiste ne peut appréhender ces situations tout seul ! Un groupe de spécialistes travaillant en collaboration est bien mieux en mesure de découvrir ce qui se passe exactement. Idéalement, cette équipe spécialisée devrait se composer d'un pédopsychiatre, d'un orthopédagogue et/ou d'un psychologue qui a entre autres l'habitude de tests neuropsychologiques. Elle peut éventuellement être complétée par un pédiatre, un neurologue pour enfants ou neuropédiatre, un thérapeute psychomotricien, un orthophoniste ou logopède, voire d'autres spécialistes.

3. La gravité de l'hyperactivité dépend d'un concours de circonstances

Le comportement de votre enfant est toujours influencé par plusieurs facteurs qui agissent simultanément. Par exemple, si un enfant est né avec un tempérament trop remuant, il ne présentera pas nécessairement un comportement problématique. Cela dépendra de beaucoup d'autres facteurs. Vous pouvez comparer cela avec un enfant qui aurait des dispositions musicales particulières. Il ne deviendra pas pour autant Mozart ou un des Beatles. Pour permettre à ces dons de se développer, plusieurs conditions devront être réunies : du côté de l'enfant, une intelligence suffisante et de la persévérance, et du côté de son entourage, la stimulation de parents musiciens, la fréquentation d'une bonne école de musique …

Si on examine l'influence des aptitudes d'une part, et de l'éducation d'autre part, on peut repérer des enfants chez qui le type d'éducation s'avèrera le facteur négatif déterminant. C'est alors l'éducation qui rend l'enfant hyperactif, l'enfant lui-même n'ayant pas ce problème au départ. Chez d'autres enfants, c'est leur constitution particulière, par exemple un léger trouble cérébral, qui sera déterminante. L'enfant sera alors hyperactif, même s'il a d'excellents parents. Pour compliquer encore les choses, toutes ces causes rejaillissent l'une sur l'autre. Un enfant qui a tendance à être hyperactif, influencera ses parents. Si bien que des parents de bonne volonté au départ peuvent être perturbés par l'hyperactivité de leur enfant et ne plus parvenir à le contrôler, ce qui aggrave encore le problème.

4. La cause précise de l'hyperactivité n'est habituellement pas dépistable

Des causes totalement différentes peuvent avoir des conséquences identiques. Ce problème se pose aussi aux thérapeutes et aux chercheurs dans le cas des enfants hyperactifs.

Imaginez-vous la situation suivante : après un match de football dans un stade géant, des centaines de voitures quittent le parking. Dix autos sont en panne. Le problème est le même pour toutes : le moteur ne démarre pas. C'est le signe (symptôme) le plus évident. Mais la cause peut être différente pour chacune des dix voitures. Pour déceler la cause, nous cherchons d'autres signes (symptômes). Certains sont visibles : la jauge d'essence est à zéro, les phares ne s'allument pas, le tuyau d'échappement sent fort l'essence, il n'y a pas d'étincelle de la bougie vers le bloc moteur. On pourra alors découvrir la cause : manque d'essence, batterie à plat, moteur noyé, problème d'allumage. Quand les signes ne sont pas visibles, nous avons besoin d'instruments. Et si cela ne suffit toujours pas, il faut conduire la voiture dans un garage afin de la faire examiner à l'aide d'un appareillage spécialisé.

Il en va de même avec le symptôme « hyperactivité ». L'hyperactivité de dix enfants peut avoir des causes qui diffèrent considérablement de l'un à l'autre. Pour découvrir la cause, nous devons rechercher d'autres signes. Quand les signes accessoires (symptômes) sont suffisamment clairs, la cause est parfois facile à découvrir. Par exemple, lorsque, à l'examen neurologique d'un enfant hyperactif, on constate des anomalies à l'E.E.G., on peut poser l'hypothèse d'un dysfonctionnement cérébral ou d'une petite lésion cérébrale. Parfois nous voyons exactement les symptômes d'une petite lésion cérébrale, mais nous ne parvenons pas à la déceler avec un examen ordinaire ! Cela reste alors une supposition, une présomption. Les méthodes les plus récentes d'investigation cérébrale réduisent quelquefois les incertitudes diagnostiques.

La preuve d'un dysfonctionnement dans le cerveau est le plus souvent fournie par *l'examen neuropsychologique*. Cet examen mesure les capacités de perception, d'élaboration mentale, le traitement de l'information, la coordination visuomotrice, l'attention. Il nous donne aussi des indications utiles pour le traitement à suivre même si, en ce qui concerne l'identification de la cause précise — une petite lésion ou un léger dysfonctionnement —, cet examen reste imprécis. Il permet cependant par exemple de mettre en évidence un défaut significatif de concentration ou de coordination. Ce trouble pourra alors être traité par des rééducations, des méthodes orthopédagogiques ou par une thérapie psychomotrice. Heureusement, cela donne parfois de très bons résultats, même si la cause du dysfonctionnement reste inconnue.

5. Pour les parents, il est important de comprendre autant que possible la cause des problèmes de leur enfant

Certains thérapeutes nous demandent pourquoi nous attachons tellement d'importance à rechercher ce qui est précisément à l'origine des problèmes. D'autant plus que dans de nombreux cas nous ne pourrons rien changer à la cause elle-même, car elle n'est pas « guérissable ». Ces thérapeutes trouvent plus important d'analyser d'abord le comportement à problème, les côtés négatifs et positifs de l'enfant hyperactif, pour ensuite mettre sur pied un mode d'éducation qui réduit ou fait disparaître les problèmes de comportement.

Selon nous, ces collègues n'ont que partiellement raison. Nous sommes d'accord avec eux sur le fait qu'il faut avant tout cerner les problèmes de plus près, et ensuite chercher la meilleure approche thérapeutique. Mais il est également essentiel de rechercher la cause du comportement hyperactif, car il y a parfois moyen d'agir sur elle pour la réduire.

Quand un enfant est hyperactif suite à des facteurs psychosociaux, on peut espérer que la suppression de ces facteurs apportera une amélioration, voire une résolution du problème. Avec une approche correcte, on peut remédier à une bonne part des difficultés en quelques semaines ou quelques mois.

S'il s'agit d'un léger problème cérébral (lésion ou dysfonctionnement), les parents et les enseignants se trouvent devant une situation différente : même si l'approche psychologique et pédagogique est excellente, le problème ne disparaîtra pas définitivement. De minute en minute, d'heure en heure, jour après jour, l'enfant doit être abordé de manière particulière. Les parents et les enseignants peuvent seulement espérer qu'une approche adéquate permettra de limiter *l'expression* pénible du problème. Ils peuvent aussi espérer que cela s'arrangera à la puberté, mais ce n'est pas sûr.

Quoi qu'il en soit, les parents doivent avoir connaissance de cet éventuel problème cérébral. Cela leur évitera de se culpabiliser et de se faire des reproches inutiles l'un à l'autre. Or, comme nous l'avons vu, leurs sentiments de culpabilité et leurs reproches ne font qu'aggraver le problème.

EXEMPLE

Récemment, nous avons revu Bruno, un garçon de treize ans, qui était en échec complet à l'école. Déjà à l'école primaire, il avait auprès des enseignants la réputation d'être paresseux et de mauvaise volonté, entre autres parce qu'il oubliait des lettres en écrivant des mots, et parce qu'il lisait très mal. Ses parents avaient consulté beaucoup de spécialistes, qui les avaient culpabilisés en critiquant leur mode d'éducation. La situation ne s'améliorait pas pour autant : Bruno était de plus en plus pénible et remuant. En première secondaire, un enseignant suggéra en conseil de classe qu'il pourrait y avoir un problème d'apprentissage. Et Bruno fut envoyé à notre polyclinique.

L'examen a révélé qu'il était dyslexique et qu'il souffrait de TDAH. Avec des conseils plus ciblés et avec des médicaments, le comportement de Bruno est redevenu normal. Non seulement il était beaucoup plus calme, mais il se comportait de manière plus sociable et parvenait à travailler. La dyslexie restait grave, inchangée, mais comme il pouvait mieux se concentrer grâce aux médicaments, l'apprentissage s'est déroulé beaucoup mieux et les cours particuliers ont donné de meilleurs résultats.

Vous comprenez que les parents et les éducateurs ont intérêt, quand c'est possible, à connaître l'étiologie, c'est-à-dire l'origine du trouble. Ceci peut leur éviter d'avoir des exigences inadaptées au problème de l'enfant. Quand nous ne nous interrogeons pas sur la cause de l'hyperactivité, nous courons le risque de ne pas tenir compte des réels problèmes de l'enfant et donc de lui en demander trop (comme dans le cas de Bruno) ou inversement.

Une autre raison qui nous pousse à rechercher la cause des problèmes de comportement vient du fait que trois quarts des enfants atteints de TDAH peuvent être aidés par des médicaments. En général nous sommes opposés à l'idée de donner des médicaments aux enfants. Aussi nous voulons éviter d'en donner à des enfants qui n'en ont pas vraiment besoin : il est contre-indiqué de prescrire des médicaments à des enfants dont l'hyperactivité est due à des raisons purement psychosociales.

Enfin, nous voulons continuer à rechercher les causes, et à trouver des méthodes pour les détecter, afin de détecter de mieux en mieux des anomalies même légères. Par des recherches continues, nous espérons à la longue pouvoir mieux les traiter et les éviter autant que possible.

Résumé

L'hyperactivité peut être provoquée par des causes très différentes :
- Causes psychosociales.
- Facteurs héréditaires.
- Atteintes cérébrales non héréditaires sous forme de lésions ou de dysfonctionnements.
- Hypersensibilité alimentaire.
- Combinaison de facteurs.

La gravité des signes dépend d'un concours de circonstances. L'éducation joue dès lors un rôle très important. Souvent nous ne pouvons pas déterminer la cause exacte. Heureusement, les examens nous donnent la plupart du temps des lignes de conduite pour le traitement.

Chapitre 2 — *Comment apprendre le mieux possible quelque chose à un enfant*

Les parents d'enfants hyperactifs reçoivent souvent le conseil « Ayez donc un peu de patience avec votre enfant ». C'est une expérience de vie assez courante : quelqu'un qui vient de l'extérieur pense parfois pouvoir se débrouiller mieux que les personnes concernées et se permet de donner, sans qu'on les lui demande, des avis à propos de tout : maison, jardin, cuisine... Or la seule patience ne permet pas toujours de résoudre les problèmes d'un enfant hyperactif et encore moins ceux d'un enfant atteint de TDAH. Les « trucs » habituels auxquels la plupart des parents se réfèrent pour éduquer leurs enfants ne suffisent pas avec ces enfants-là. Cependant il est possible de mettre l'enfant et son comportement sur la bonne voie en se tenant de manière plus stricte qu'avec d'autres enfants aux règles de l'apprentissage de la vie sociale. Ces règles ont été dégagées à partir de recherches scientifiques portant sur les manières d'apprentissage ou de désapprentissage des êtres humains.

1. Un comportement peut être observé

En tant que parent, vous essayez de donner une signification à un comportement déterminé de votre enfant. Vous essayez de rechercher les motivations profondes de ce comportement, car vous désirez être en mesure de vous l'expliquer raisonnablement. Vous voulez connaître les raisons d'agir de votre enfant. C'est difficile : si votre enfant crie, vous supposez qu'il est fâché. S'il pleure, vous pensez qu'il a mal quelque part. Mais vous en êtes rarement certain. Si votre enfant pleure au lit dans le noir, peut-être est-ce de peur. Mais peut-être s'ennuie-t-il, peut-être n'aime-t-il pas rester seul, peut-être a-t-il faim, peut-être craint-il une dispute entre son père et sa mère, peut-être est-il malade... peut-être, peut-être, peut-être...

Nous devons bien distinguer « perception » et « supposition » et ne pas les confondre. Ainsi « être fâché » n'est pas un comportement. Ce qui est observable, ce sont les injures, les coups de pieds, les cris... et nous en déduisons que le sentiment de l'enfant, c'est la colère. Il s'agit là de façons de se comporter, d'attitudes, et celles-ci sont modifiables. Par contre, le sentiment de colère lui-même est quelque chose que l'on ne peut ni ne doit désapprendre à un enfant.

2. Un comportement n'est jamais une manifestation isolée

En examinant l'environnement d'un enfant et le contexte d'apparition de son comportement, nous pouvons parfois comprendre si l'enfant a vraiment peur ou si nous devons chercher une autre explication à son comportement. De la même manière, si un enfant est hyperactif, ce peut être le résultat de beaucoup d'influences. Pour bien comprendre le comportement d'un enfant hyperactif, vous devez donc tenir compte de la situation dans laquelle ce comportement surgit : en famille, à l'école ou chez des amis. Nous devons toujours considérer le comportement d'un enfant hyperactif dans son contexte.

Exemple

L'instituteur de Benoît (troisième année primaire) formulait beaucoup de plaintes à propos de l'agitation excessive de l'enfant. Les parents affirmaient qu'à la maison il n'y avait aucun problème à ce niveau. Nous nous demandions comment les problèmes pouvaient être tellement différents dans le cadre de l'école et de la maison. Un examen psychologique a été réalisé, mais il n'offrit aucune piste : intelligence normale, aucun signe d'un trouble d'apprentissage. Nous avons alors demandé à une jeune collègue d'aller jeter un coup d'œil à l'école de Benoît. Elle découvrit qu'il était harcelé par un autre garçon.

Benoît n'avait jamais osé en parler et les enseignants n'avaient rien remarqué. Quand notre collègue raconta à Benoît ce qu'elle avait vu, il fondit en larmes et lui raconta une longue histoire de tracasseries et de chantage. Comme les enseignants se montraient peu coopérants pour résoudre le problème, les parents ont changé leur enfant d'école. L'agitation et l'hyperactivité cessèrent du même coup.

3. Un comportement s'acquiert

Un enfant apprend à marcher, à utiliser les toilettes, à s'habiller seul... il apprend à lire, à écrire, etc. Un enfant apprend cela de son entourage. Le comportement est acquis. L'hyperactivité — c'est-à-dire le comportement hyperactif — peut également être acquise ! Par contre chez d'autres enfants elle sera plutôt la conséquence d'un léger dysfonctionnement cérébral, les processus d'apprentissage pouvant aggraver l'hyperactivité.

Nous devons toujours bien nous demander quelles sont les aptitudes dont un enfant dispose lorsqu'il veut apprendre un nouveau comportement, surtout lorsqu'il présente les signes du syndrome hyperkinétique : il faut alors faire réaliser un bon examen par différents spécialistes pour rechercher quels sont exactement ses points faibles et ses points forts, afin de bien cerner ce que nous pouvons attendre ou non de l'enfant.

4. Les enfants apprennent des autres et inversement

Les enfants apprennent d'autres enfants et des adultes. Par exemple, si vous êtes d'un caractère plutôt irritable, le risque est grand que votre enfant aussi se fâche facilement. Si vous frappez facilement, il y a de grandes chances que votre enfant apprenne aussi à réagir de manière agressive. Si un parent est impatient et hyperactif, l'enfant peut aussi « apprendre » à l'être.

Inversement, les adultes apprennent de leurs enfants !

EXEMPLE

Pierre tourne en rond dans la maison, agité comme un lion en cage. Son père lui donne une solide gifle. Pierre s'arrête. En s'arrêtant, Pierre apprend à son père que dans une telle situation, frapper constitue une méthode efficace pour faire cesser le manège. Mais... temporairement, car après quelque temps, Pierre recommence.

5. Apprendre, au début, c'est surtout imiter

L'apprentissage commence par l'imitation. Si votre enfant imite un comportement que vous trouvez positif, encouragez ses efforts, même si à vos yeux le résultat reste encore imparfait et décevant. Parfois, ces imitations spontanées sont plutôt rares. Dans ce cas vous pouvez aider votre enfant en les faisant d'abord avec lui. Quoi qu'il en soit, n'oubliez pas la récompense ! Nous devons garder en mémoire que la première phase de l'apprentissage est l'imitation.

Récompenser cette imitation est un encouragement à apprendre encore.

6. Un nouveau comportement doit être appris de manière très simple et concrète

« Rester tranquille » : qu'est-ce que cela veut dire exactement ? Essayez d'expliquer clairement à un enfant ce que vous entendez par « être calme » ! Un nouveau comportement, chaque comportement que vous voulez enseigner à votre enfant, doit lui être d'abord décrit en termes très simples, de manière à ce que chacun soit en mesure de comprendre sans équivoque ce que vous attendez et de le raconter exactement après vous.

> EXEMPLE
>
> *Les parents de Gaël trouvent qu'il doit se montrer beaucoup plus gentil, plus amical. Ils le lui ont déjà demandé des centaines de fois, mais sans résultat. Ils ne s'étaient pas suffisamment arrêtés à l'idée qu'« être gentil » est une notion beaucoup trop vague pour un enfant. « Être gentil » représente pour chacun quelque chose de différent. Un enfant ne peut pas apprendre un comportement formulé dans des termes aussi vagues. Les parents de Gaël ont dû chercher en eux-mêmes ce qu'ils entendaient exactement par « être plus gentil ». Est-ce que cela signifie ne pas contredire ? Ne pas donner de coups de pieds à son petit frère ? Fermer les portes doucement ? Aider à débarrasser la table ? Partager ses jouets avec d'autres enfants... ? Là, le message est clair : il s'agit de comportements concrets, reconnaissables. Après avoir exposé les objectifs en termes simples et abordé le comportement de cette façon, la conduite de Gaël a commencé à s'améliorer.*

Il est très important, surtout pour un enfant hyperactif avec TDAH, que les directives soient sans équivoque et extrêmement claires. Inscrivez-les : il vaut mieux une petite liste de quelques directives très simples qu'une seule directive difficile. Ces petits bouts de comportement, qui forment ensemble un comportement bien défini, peuvent être enseignés à un enfant beaucoup plus rapidement et efficacement qu'un comportement global et forcément compliqué.

Donc, avant d'enseigner un comportement compliqué à votre enfant, vous devez l'analyser, c'est-à-dire le diviser en petites étapes. Vous saisirez alors beaucoup mieux la difficulté d'un apprentissage aussi compliqué, tout comme le chemin que l'enfant doit parcourir avant d'atteindre son but et le vôtre. Il vous apparaîtra clairement que vous demandez l'impossible en espérant tout obtenir en une fois. Enseignez à votre enfant une, au maximum deux étapes du comportement à la fois : vous constaterez combien s'accroissent les chances de succès à mesure que vous simplifiez.

En tant que parents, vous devrez aussi décider ensemble quelles sont vos priorités, quel type de comportement vous voulez modifier en premier lieu. Bien sûr, vous ne pouvez pas apprendre ou désapprendre trois ou quatre choses en même temps à un enfant hyperactif. Vous devrez choisir et vous mettre d'accord sur ce sujet. Si votre enfant tourne en rond toute la journée, est désobéissant et grossier, se bat, ne fait pas ses devoirs d'école, laisse traîner ses vêtements, vous devrez décider de ce que vous traiterez en premier. A ce propos, sachez que l'obéissance constitue souvent le premier objet du choix.

Vous ne pouvez enseigner efficacement un nouveau comportement qu'une fois divisé en petites étapes et décrit en termes très simples et pratiques.

7. L'encouragement est nécessaire à l'apprentissage d'un nouveau comportement

Un enfant a énormément de choses à apprendre. Il est d'ailleurs étonnant qu'il ne baisse pas les bras plus souvent ! Voyez la différence entre un enfant de quatre mois et un enfant de quatre ans ! L'enfant a appris spontanément presque tous ces gestes qu'il finit par poser. Nous trouvons cela normal, mais en fait, c'est un miracle.

Votre enfant a appris à ramper, se tenir debout, marcher, parler, s'habiller, être propre, fréquenter les autres, obéir, rester seul... Une liste interminable de comportements chaque fois totalement neufs, appris grâce à une attention sans faille. Votre enfant persiste dans ses efforts, tantôt parce qu'il reçoit de votre part une foule d'encouragements, tantôt parce que le comportement porte sa récompense en lui-même.

Un encouragement est une forme de récompense. Chaque fois que votre enfant fait quelque chose et en est récompensé, il sera tenté non seulement de le refaire, mais aussi de le faire mieux. Il va même essayer d'y ajouter quelque chose de nouveau. En l'encourageant, les parents enseignent spontanément un comportement à leur enfant.

Exemple

Papa, debout sur un pont, les jambes écartées et les mains dans le dos, regarde la circulation. Le petit David arrive près de lui, s'installe les jambes écartées, ses mains dans le dos. Maman trouve le tableau adorable, rit en regardant David, lui caresse la tête et dit : « Grand garçon, tu ressembles à ton père ! »

Le gamin, tout fier, observe son père. Grâce au comportement de sa mère, il y a des chances qu'il imite encore bien plus le comportement de son père : stimulé par sa mère, il apprendra encore davantage de son père.

La règle d'or de l'apprentissage dit ceci : *un comportement encouragé immédiatement a d'autant plus de chances d'être répété.*

Le comportement est encouragé lorsqu'il entraîne une conséquence agréable. Un « c'est bien », un baiser, un « merci bien », une friandise, un clin d'œil, un regard admiratif, un petit extra... sont autant de récompenses à un comportement souhaité. Le comportement est aussi encouragé lorsqu'il a pour conséquence de faire cesser une situation désagréable : manger met fin à la sensation de faim ; obéir fait cesser les lamentations du père ou de la mère ; réussir à ouvrir la porte satisfait la curiosité.

Parfois, les parents ne trouvent pas nécessaire d'encourager leur enfant, et encore moins de le récompenser quand il fait quelque chose de « normal » à leurs yeux, quelque chose qu'il doit arriver à faire de toute façon. Ils trouvent superflu, voire incongru, de stimuler leur enfant à bien faire quelque chose. Alors qu'ils considèrent comme la chose la plus naturelle du monde le fait de punir leur enfant s'il ne fait pas bien quelque chose ou s'il ne le fait pas du tout. En d'autres termes, ils trouvent les punitions très ordinaires et les récompenses anormales. Dit ainsi, cela semble exagéré, mais c'est une constatation fréquente. Il paraît normal dans notre culture de faire beaucoup plus attention aux erreurs de quelqu'un et de le punir pour cela que de le complimenter pour ce qu'il fait bien. Ce n'est cependant pas la bonne tactique.

Des observations et recherches scientifiques nous ont donné pas mal d'enseignements à ce sujet :

1. Un comportement peut difficilement être enseigné sans le moindre encouragement ou la moindre récompense.

2. La punition renforce souvent le comportement non souhaité (elle entraîne donc l'effet contraire).
3. Les encouragements contribuent à créer une ambiance positive et plaisante, où l'apprentissage d'un nouveau comportement est considéré comme agréable, tant par l'enfant que par les parents.
4. La punition mine l'influence positive des parents.
5. Les parents qui encouragent leur enfant reçoivent en retour un maximum d'encouragements ; ils sont récompensés par leurs enfants.
6. Les gens choisissent pour amis ceux qui les encouragent le plus.
7. Des encouragements donnent à un enfant de la confiance en lui-même : il apprendra plus vite à se débrouiller. Encourager un enfant stimule sa créativité et sa volonté de prendre des initiatives. L'abondance de punitions, par contre, sape la confiance en soi et fonctionne comme un frein.

Lorsqu'il s'agit d'un enfant hyperactif, les encouragements sont tout aussi importants, si pas plus, que lorsqu'on a affaire à un autre enfant. Même s'il fait les choses de son mieux, cela se passe tellement mal que sa confiance en lui est continuellement minée. Or, la confiance en soi est terriblement importante. Donc : *encouragez-le !* En tant que parents, nous encourageons spontanément toutes sortes de comportements chez nos enfants. Mais nous pouvons le faire de manière un peu plus consciente, mieux organisée.

Sachez que les encouragements et les récompenses n'ont rien à voir avec le fait de gâter un enfant. Vous ne gâtez votre enfant que lorsque vous l'encouragez et le récompensez alors qu'il ne se conduit pas bien (voir chapitre 3).

8. Les encouragements sociaux sont les meilleurs

Quand nous parlons d'encourager et de récompenser, vous pensez peut-être à de l'argent, à des cadeaux de valeur. Ce type de récompense, nous l'appelons « renforcements ou encouragements matériels ». Dans ce domaine, il y a aussi des friandises, des paquets de chips, un dessert, une bande dessinée, un jeu... Les encouragements matériels sont tangibles, autant pour celui qui les donne que pour celui qui les reçoit. Regarder la télé peut aussi être considéré comme un renforcement matériel.

Il existe d'autres formes d'encouragements et de récompenses ; notamment le fait de prêter attention, en touchant, en caressant, en embrassant, en riant, en regardant avec admiration, en approuvant, en applaudissant, en poussant des cris de joie... Nous nommons cela des « encouragements ou renforcements sociaux ». Ils ne sont pas vraiment tangibles, ils possèdent une autre valeur que les renforcements matériels.

Les encouragements sociaux ne coûtent rien. Nous en avons toujours une réserve inépuisable sous la main. Vous pouvez en donner cent par jour, vous pouvez en espérer beaucoup de retour. Sans les encouragements sociaux, nous serions complètement paralysés.

C'est ainsi que prêter attention est un encouragement social très important. Aussi important que boire et manger !

Punir n'est certes pas agréable, mais c'est pourtant une autre façon de prêter attention. C'est pourquoi la punition devient parfois un encouragement à persévérer dans un comportement non souhaité, surtout lorsque l'enfant en question ne reçoit que peu d'attention positive.

À côté des encouragements matériels et sociaux, nous connaissons encore une troisième forme d'encouragement : « l'activité encoura-geante ». Nous entendons par là, par exemple, une promenade ensemble, pouvoir jouer avec la calculatrice de papa, aller au lit une demi-heure plus tard.

Pour les enfants hyperactifs, — surtout au début d'un nouvel apprentissage — nous devrons utiliser souvent des encouragements matériels. Un encouragement matériel a l'avantage d'être un geste de récompense clair et concret. Vous donnez quelque chose de concret en échange de quelque chose de concret. Les encouragements matériels sont souvent utiles quand la relation entre parent et enfant est devenue si difficile que la gentillesse et/ou d'autres encouragements sociaux ont un effet nul, voire contraire à l'effet souhaité.

Un des meilleurs encouragements que nous connaissions se produit simplement quand nous remarquons que nous avons réussi quelque chose. C'est aussi valable pour votre enfant. Voilà pourquoi vous devez donner à votre enfant une réelle chance de réussir, pour obtenir ce que vous lui demandez. La route vers le but final doit donc être divisée en petites étapes de manière à ce que chaque pas puisse être réussi et franchi avec succès.

9. Encouragez toujours immédiatement et répétez vos encouragements

Vous devez encourager de manière conséquente, et répéter l'encouragement pendant une longue période. Votre enfant verra au fil du temps le rapport entre son comportement et la récompense qu'il reçoit. Ce lien doit être sans équivoque et clairement reconnaissable. Vous devez prendre votre enfant « en flagrant délit d'amélioration » ! Si vous laissez s'écouler un laps de temps trop long entre le comportement et l'encouragement, le lien qui les unit disparaît, et ce d'autant plus vite pour un enfant hyperactif, qui éprouve des difficultés à fixer son attention sur une seule chose.

Il est bien sûr impossible de répéter certaines récompenses chaque jour, par exemple aller dans un parc d'attractions, faire les magasins, aller nager ensemble. Dans ce cas, mettez sur pied une sorte de système d'épargne : un nombre de points convenu à l'avance donne droit à la récompense finale.

Exemple

Les parents de Quentin (13 ans) avaient été très déçus. Le garçon avait envie d'un nouveau vélo. Ses parents avaient pensé que le lui donner motiverait Quentin à être moins agressif. Ils lui promirent le vélo pour son prochain anniversaire, à condition qu'il n'y ait plus, dans les six mois à venir, d'explosion d'agressivité. Mais le lendemain de cette décision, il s'était déjà montré fameusement agressif : une récompense qui arrive six mois plus tard ne motive pas la plupart des enfants (hyperactifs).

En accord avec ses parents, nous avons élaboré un nouveau projet. Sur une grande feuille de papier, Quentin a dessiné un vélo dans un paysage. Il a ensuite découpé le dessin en morceaux à la manière d'un puzzle. Il fut convenu qu'il recevrait une pièce du puzzle chaque fois que deux jours se seraient déroulés sans agressions. Cette pièce serait collée sur une autre feuille de papier accrochée au mur. Une fois le dessin complété, Quentin recevrait le vélo. Il reçut déjà une pièce « en prime » pour démarrer le puzzle. De plus, un « encouragement social » fêtait l'arrivée de chaque nouvelle pièce sur le mur. De cette manière, les parents ont pu encourager le bon comportement au fur et à mesure et le vélo promis au départ devint réellement motivant.

Plus il est difficile pour un enfant d'apprendre quelque chose de nouveau, plus il faut se tenir strictement à la règle : *il vaut mieux de petits encouragements et récompenses, répétés au coup par coup et immédiats, qu'une grosse récompense après un certain temps.* Si votre enfant fait bien ce qui lui est demandé une première puis une seconde fois, il devient important de ne plus le récompenser systématiquement, mais seulement de temps à autre. Le nouveau comportement appris s'accroche mieux que si vous le récompensez chaque fois. C'est seulement lorsque le nouveau comportement est devenu bien intégré et naturel que vous pouvez même abandonner la récompense de temps à autre.

EXEMPLE

Louis avait quelques difficultés à obéir. Chaque fois qu'il réussissait malgré tout à être obéissant, ses parents lui donnaient un petit bloc de Lego®. Finalement il en avait toute une série. Pour lui, c'était une récompense importante, claire et compréhensible. Beaucoup plus par exemple que s'il en avait reçu une énorme boîte après deux mois d'obéissance. Louis comprenait clairement le lien entre des comportements d'obéissance et la récompense directe par un bloc de Lego®. Il n'aurait jamais pu voir le lien entre un comportement obéissant d'une durée de deux mois et la récompense écrasante qu'aurait été une seule grande boîte.

10. Atteindre le comportement souhaité à petits pas

Le succès engendre le succès ! Le comportement que vous voulez enseigner à votre enfant, il vous faut avant tout le fractionner, le diviser en petits morceaux plus digestes, que l'enfant pourra intégrer un à un. De cette façon la réussite, comme la récompense qui l'accompagne, seront réellement à sa portée. Il faut diviser un comportement déterminé en parties de comportement : en travaillant étape par étape, de petits succès en petits succès.

EXEMPLE

Nicolas avait été réveillé par un cauchemar. Comme il restait très inquiet, ses parents le prirent dans leur lit. Le jour suivant, il ne voulut pas dormir dans son lit, parce qu'il avait trop peur. Trois mois plus tard, il dormait toujours dans le lit de ses parents. Tous leurs efforts pour le faire dormir dans son propre lit provoquèrent de telles scènes d'angoisse et de larmes, et tant de nuits d'insomnies, qu'il finissait toujours par atterrir dans le lit de ses parents. Les récompenses, les gronderies et les punitions n'y changeaient rien. Avec Nicolas, nous avons adopté à la lettre la « règle des petits pas ». Le premier pas a été de dormir dans la chambre des parents, mais sur un matelas près du lit de maman. Papa dessina à la craie une ligne allant de leur chambre à celle de Nicolas et tous les mètres il ajouta un trait transversal. Chaque soir, Nicolas glissait avec son matelas d'un mètre vers sa chambre. Pour chaque étape réussie, il était félicité le matin avec enthousiasme, il recevait un autocollant et pouvait rester le soir cinq minutes plus tard...« Car quand tu dors si bien, tu as moins besoin de sommeil ». Pour certaines étapes, par exemple, franchir le seuil de la chambre de ses parents, il lui fallut deux nuits. Après dix jours, Nicolas dormait dans son lit avec une veilleuse. Ce qui n'avait pas réussi, même avec de solides récompenses en perspective, a bien fonctionné par petites étapes.

11. La plupart du temps, on commence l'apprentissage par le dernier pas

Spontanément nous avons tendance à apprendre quelque chose à un enfant en commençant l'apprentissage là où nous-mêmes l'aurions commencé. Il vaut souvent mieux le lui apprendre en sens inverse. Si vous divisez un comportement en petites étapes et si vous enseignez d'abord à l'enfant la dernière étape, vous utiliserez la méthode la plus efficace !

La première fois, faites vous-mêmes la totalité de l'action en question (par exemple, enfiler un manteau). Ensuite invitez l'enfant à faire lui-même la dernière étape (fermer la tirette à partir du milieu jusqu'en haut), en accompagnant son effort d'encouragements. La fois suivante, laissez-le faire seul l'avant-dernière et la dernière étape (fermer tout à fait la fermeture Éclair)… Le grand avantage de cette méthode réside dans le fait que la nouvelle étape est suivie par une étape déjà connue, donc par une réussite et une récompense [2].

Quand il n'est pas possible de commencer par la dernière étape (par exemple, quand il s'agit de réapprendre à dormir dans son propre lit), commencez par ce que l'enfant fait ou peut déjà faire. Vous avancez alors progressivement, pas à pas, en direction du but, en encourageant chaque étape.

Certains parents ont beaucoup de difficultés à se contenter de si petites étapes et à les considérer comme une réussite. Mais si vous voulez atteindre trop de choses en une seule fois, vous courez le risque d'aller d'échec en échec, alors qu'il est tellement plus gai et efficace de voler de réussite en réussite.

12. Vous pouvez influencer un comportement en modifiant la situation qui le déclenche

Quand nous voulons comprendre pourquoi un enfant apprend quelque chose, et surtout pourquoi il continue à le faire, nous ne devons pas seulement veiller aux encouragements, mais aussi aux circonstances dans lesquelles apprentissage et encouragements ont lieu. Si votre enfant fait quelque chose, il le fait souvent parce qu'il y est incité par les circonstances (et qu'il y est encouragé).

---

2. Vous trouverez toute une série d'exemples, comme ceux repris ici, dans le livre : *J'apprends à me débrouiller,* de M.Bisschop et T.Compernolle (voir Annexes)

> Situation déclenchante → comportement souhaité ←→ encouragement

Figure 5

Beaucoup d'enfants hyperactifs éprouvent des difficultés à se concentrer. Nous pouvons les aider en commençant par de petites consignes et, par la suite, les encourager à des périodes toujours plus longues de bonne concentration.

Nous pouvons aussi les aider d'une autre façon : nous adaptons la situation de manière que leur attention augmente spontanément, parce que nous aurons éliminé toute forme de distraction. Par exemple, pour les devoirs d'école, nous pouvons aménager un coin ou une petite pièce pauvre en sources d'excitation (c'est-à-dire en « stimuli » parasites). Si la pièce ne sert qu'à cela, et que l'enfant a appris, étape par étape, à bien s'y concentrer, cela peut donner à la longue un automatisme, une sorte de réflexe. Cela entraîne l'enfant à se sentir concentré dès qu'il y entre. Cette petite pièce devient un endroit où l'enfant est incité à s'occuper de manière concentrée (ce phénomène est appelé « réflexe conditionné »).

> Au début :
>   petite pièce aménagée → travailler de manière → récompense = regarder la TV
>   concentrée
> devient au fil du temps :
>   petite pièce → travailler de manière concentrée

Figure 6

La même chose vaut pour l'utilisation de signaux (voir chapitre 4, § 4). Ils peuvent parfois déclencher immédiatement le comportement souhaité par une sorte de réflexe. À condition de ne pas oublier de récompenser l'enfant de temps à autre pour son comportement.

13. Que faire quand les encouragements ont un effet contraire ?

Parfois les récompenses entravent le comportement souhaité ! Les encouragements peuvent même avoir un effet tout à fait contraire et il est souvent difficile de découvrir d'où cela provient. On peut sans doute expliquer cet effet inattendu par le fait que vous, parent, ne parvenez pas toujours à montrer à l'enfant la distinction claire entre « encouragement » et « dissuasion » (par exemple, une punition).

Si, face à un comportement indésirable, vous réagissez d'abord de manière amicale (en demandant gentiment à votre enfant de cesser) et qu'ensuite vous vous fâchez brusquement quand votre enfant ne répond pas à votre demande gentille, l'enfant pensera : « Attention aux adultes. D'abord ils sont gentils, puis ils se fâchent et on est puni ». Votre conduite amicale est comme négativée, empoisonnée par la dimension d'inimitié qui a surgi à un moment donné.

L'inverse est possible aussi. Vous vous fâchez immédiatement après le début d'un comportement indésirable, mais vous en éprouvez rapidement du regret, et vous redevenez vite amical. Votre enfant peut alors se comporter de manière non souhaitée pour déclencher cette sympathie, sans se rendre compte qu'il augmente de ce fait la colère qui la précède. Votre dissuasion devient de cette manière un encouragement.

Il peut donc arriver qu'encouragement et dissuasion aient tous deux un effet paradoxal : l'encouragement (la récompense) fait cesser le comportement souhaité, et la dissuasion (la punition) accroît le comportement indésirable. Dans une telle situation, vous devez vraiment tirer le signal d'alarme. Éventuellement, vous devrez faire appel à une aide spécialisée.

Dans tous les cas, veillez donc à faire une distinction très nette entre la dissuasion (punition) et l'encouragement (récompense). Au début, il vaut même mieux exagérer (par exemple, par une série d'encouragements matériels). *Progressivement*, vous y ajouterez d'autres formes d'attention. D'abord une remarque dans le sens de « C'est bien, ça ! », puis une caresse, un baiser, etc. Mais cela se fera très progressivement, et exclusivement comme encouragement d'un comportement souhaité bien déterminé.

Vous récompensez le comportement souhaité toujours immédiatement et de manière exagérée, avec un encouragement matériel non équivoque. Plus tard seulement, vous ajouterez d'autres formes d'attention.

Pour résoudre le problème soulevé plus haut (quand les encouragements ont un effet contraire), il vaut mieux commencer par encourager un comportement très simple. Quelque chose que votre enfant fait déjà assez souvent, afin d'avoir suffisamment d'occasions de l'encourager.

Quand la dissuasion (punition) a l'effet d'un encouragement, vous devrez arrêter complètement de vous fâcher, de rouspéter, de vous plaindre... Vous devrez essayer de rendre la punition clairement reconnaissable, comme telle. Pour cela un stimulant légèrement douloureux est parfois nécessaire pendant une courte période. En général, il n'est pas bon de frapper, parce que c'est un acte difficile à doser : on perd vite la maîtrise de soi.

Certains parents utilisent la chiquenaude comme stimulant douloureux (appuyer l'index ou le médius contre l'extrémité du pouce, et le frapper contre la peau de l'enfant). D'autres parents donnent une tape sur le fond du pantalon. Si nécessaire, utilisez l'ATE (voir chapitre 3).

Il y a des parents qui pensent qu'une bonne punition doit faire mal. Ce n'est pas exactement cela. Le plus important est que vous laissiez voir votre réprobation sans équivoque et que vous la manifestiez de manière très conséquente. La violence n'est pas nécessaire.

Le plus important est que vous fassiez une distinction claire entre récompense et punition, entre encouragement et dissuasion. La récompense (encouragement) suit un comportement souhaité, la punition (dissuasion) est la conséquence d'un comportement indésirable. Dans le troisième chapitre, nous expliquerons comment des parents, à leur insu, encouragent souvent un comportement non souhaité.

14. Les enfants TDAH apprennent plus difficilement que les autres enfants

Les lignes de conduite décrites dans ce chapitre sont valables pour tous les enfants. Lorsque vous aurez lu dans le sixième chapitre la description des problèmes que rencontre un enfant TDAH, vous comprendrez que pour un tel enfant, il est encore plus difficile d'apprendre quelque chose de nouveau, de retenir et de persévérer que pour un enfant dit « normal ». Chez des enfants normalement hyperactifs, les parents peuvent adapter ces règles de manière plus souple, une fois le comportement amélioré. Chez les enfants TDAH, les règles doivent être appliquées de façon plus prolongée et plus stricte.

Résumé

Quelques principes dont il vaut mieux tenir compte si vous voulez apprendre aisément quelque chose à un enfant :
- Un comportement est quelque chose d'observable.
- Un comportement est plus compréhensible quand vous le replacez dans son « contexte ».
- Un comportement s'acquiert.
- Les enfants apprennent des autres et inversement.

- Apprendre, au départ, c'est surtout imiter.
- Un nouveau comportement doit être enseigné de manière très simple et concrète.
- L'encouragement est nécessaire à l'apprentissage d'un nouveau comportement.
- Les encouragements de type social sont les meilleurs.
- Encouragez toujours immédiatement et répétez vos encouragements.
- Atteignez le comportement souhaité par petites étapes.
- Quand c'est possible, enseignez les étapes en commençant par la dernière.
- Tenez toujours à l'œil le contexte et les circonstances ; ils peuvent vous aider à susciter le comportement souhaité.
- Quand les encouragements ont un effet paradoxal, vous devez distinguer de façon non équivoque les encouragements (récompense) et la dissuasion (punition).
- Les enfants TDAH apprennent plus difficilement quelque chose que les autres enfants.

Chapitre 3 — *Comment désapprendre le plus rapidement possible quelque chose à votre enfant*

1. Comment s'entretient un comportement indésirable

Un comportement indésirable apparaît très souvent dans des circonstances ou des situations déterminées. C'est pourquoi vous devrez observer très attentivement les détails qui accompagnent les situations qui déclenchent ce comportement. Par ailleurs, un comportement indésirable est parfois encouragé s'il a des conséquences positives. C'est très paradoxal, mais il est un fait qu'en tant que parents nous encourageons et récompensons, sans en avoir conscience, le comportement non souhaité de nos enfants beaucoup plus souvent que nous ne l'imaginons.

> Situation déclenchante → comportement non souhaité ←→ encouragement !

Figure 7

Pour désapprendre un comportement indésirable, nous pouvons agir tantôt par des encouragements, tantôt en agissant sur la situation qui déclenche ce comportement. Pour une bonne compréhension de cette situation de départ, l'aide d'un témoin extérieur (impartial) s'avère parfois indispensable : car, en tant qu'acteur dans la situation de départ, il est plus difficile d'y reconnaître sa propre participation (on ne peut être juge et partie à la fois).

Un comportement non souhaité est souvent plus encouragé que vous ne le pensez

Quand un comportement déterminé a eu dans le passé des conséquences agréables, il y a de fortes chances qu'il soit répété à l'avenir. C'est une règle du jeu importante lors de l'apprentissage d'un comportement souhaité. C'est une règle tout aussi importante pour faire cesser un comportement indésirable.

Beaucoup de comportements indésirables entraînent spontanément une récompense, et donc un encouragement

EXEMPLE

Stella (4 ans) vient d'une famille adhérant à un groupement pacifiste religieux. C'est une enfant amicale et gentille, qui ne se montre que peu ou pas agressive. Cette année, elle est allée pour la première fois à l'école maternelle et y a découvert comment se conduire de manière agressive. Elle jouait avec une petite auto, lorsqu'Éric (4 ans) la lui prit tout simplement. Stella fut très surprise et ne sut que faire. Quand Éric revint dans son voisinage, elle tint solidement son jouet. Comme Éric ne pouvait plus le lui prendre aussi facilement, il donna une tape à Stella. Muette de surprise — elle n'avait encore jamais vu ça — elle lâcha son jouet. Quelques jours plus tard, Marie (4 ans) jouait avec une poupée dont Stella avait envie. Stella se dirigea vers Marie et voulut lui prendre la poupée. Comme Marie ne la cédait pas, Stella lui donna une tape, prit la poupée et s'en alla. Stella avait donc très vite appris un nouveau comportement en imitant celui d'Éric. Elle en fut d'ailleurs récompensée : « frapper Marie » signifiait « recevoir la poupée ». Il y a donc de grandes chances qu'elle réutilise ce comportement agressif à l'avenir.

Un comportement non souhaité est encouragé par des récompenses réelles

Des parents sont parfois très surpris quand on leur montre que, sans s'en rendre compte, ils récompensent assez souvent un comportement indésirable.

Exemple 1

Papa et maman voudraient que Nancy (3 ans) mange toute seule. Elle sait déjà utiliser une fourchette et une cuillère. Elle est capable de bien se débrouiller à table. Mais elle y fait si peu attention qu'elle n'a presque rien mangé quand toute la famille a déjà fini. Maman va alors s'asseoir à côté d'elle et lui donne à manger, bouchée par bouchée. Que maman aille s'asseoir près de Nancy pour l'aider est évidemment une énorme récompense à sa lenteur. Nancy continuera vraisemblablement à traîner : si elle mange vite, ne fût-ce qu'une fois, sa maman trouvera cela tout à fait normal et ne lui accordera aucune attention. Par ailleurs, elle est contente de pouvoir consacrer plus d'attention à ses autres enfants et à son mari. Voilà pourquoi elle prête moins d'attention au comportement souhaité de Nancy qu'à son comportement non souhaité. De cette manière, le comportement souhaité ne reçoit pas d'encouragement. Il y a plus grave : l'absence de récompense agira comme punition, comme dissuasion vis-à-vis du comportement souhaité (manger toute seule). Nancy retient donc qu'elle reçoit plus d'attention en traînant qu'en terminant rapidement son assiette : Nancy apprend à traîner.

Comme le montre l'exemple suivant, l'hyperactivité aussi est parfois récompensée.

Exemple 2

Christophe court comme un jeune poulain dans le supermarché et bouscule les gens continuellement. Papa lui crie des centaines de fois : « Tiens-toi tranquille ! », mais sans résultat. En fin de compte, il lui donne une glace. Christophe reste tranquille un moment.

Papa et Christophe ont appris un nouveau comportement inadéquat, par lequel ils ont été tous deux récompensés. Les gambades de Christophe ont été récompensées par une glace. Le risque qu'il recommence la prochaine fois est devenu encore plus grand. En donnant la glace, le père a été récompensé, car Christophe s'est tenu tranquille pendant un moment. Tant chez Christophe que chez son père le comportement non souhaité a été récompensé. C'est pourquoi il est prévisible qu'à la prochaine occasion et dans la même situation, ils se comporteront tous les deux à nouveau de manière inadéquate.

Un comportement indésirable est souvent encouragé par les sermons, les gronderies et les plaintes

Quelle qu'elle soit, l'attention d'un adulte équivaut aux yeux de l'enfant à une récompense. Une attention amicale, chaleureuse représente évidemment la meilleure des récompenses. Mais sermonner, gronder et se plaindre sont aussi des formes d'attention à part entière. Même frapper est une attention (négative) ! Ne recevoir absolument aucune attention est pour ainsi dire la chose la plus grave qui puisse arriver à un enfant.

Pour un enfant, recevoir de l'attention est aussi important que manger et boire. L'enfant veillera donc toujours à recevoir sa ration d'attention, et s'il le faut, sous forme de gronderie. Gronder, faire des remontrances, se plaindre et même frapper peuvent avoir un effet encourageant. Surtout dans les cas où l'enfant reçoit peu ou pas d'attention positive et amicale lorsqu'il se conduit effectivement bien.

Un comportement non souhaité est encouragé lorsqu'il fait cesser une situation désagréable

Nous avons déjà dit plusieurs fois que le comportement indésirable est maintenu lorsqu'il a des conséquences encourageantes (agréables). Une conséquence agréable d'un comportement non souhaité est, par exemple, le simple fait d'attirer l'attention ou de pouvoir dormir dans le lit de papa et maman. On peut aussi trouver un encouragement dans le fait que le comportement indésirable fait cesser une situation désagréable.

EXEMPLE

Dès que Cécile (7 ans) est au lit le soir, elle commence à pleurer. Le père ou la mère vient alors s'asseoir près d'elle au bord du lit. Cécile ne pleure plus mais son papa ou sa maman doivent rester auprès d'elle jusqu'à ce qu'elle s'endorme. Un jour, la mère est morte de fatigue. Elle n'a aucune envie de rester assise près de Cécile. Mais dès qu'elle s'en va, Cécile commence à pleurer. A bout de ressources, la mère laisse Cécile dormir dans son propre lit : une énorme récompense pour Cécile. Elle s'endort immédiatement. Le lendemain, la scène recommence.

Les larmes de Cécile et son comportement trop dépendant ont été encouragés par :

1. la fin d'une situation désagréable pour elle, c'est-à-dire, dormir seule dans son lit ;
2. la présence agréable de papa et maman ;
3. pouvoir dormir douillettement dans le lit des parents.

Sans le vouloir, les parents de Cécile ont encouragé ce comportement, parce que pour eux aussi la situation pénible cessait ; eux-mêmes ont été récompensés pour leur démarche erronée :

1. Cécile ne pleurait plus ;
2. la maman ne devait plus rester assise au bord du lit ;
3. les parents ne devaient plus consacrer leur attention à leurs propres tensions causées par le problème apparemment insoluble de Cécile. La présence de Cécile dans leur lit leur évitait ainsi de longues discussions : c'était leur récompense.

Il n'est dès lors pas étonnant qu'avec autant d'encouragements et de récompenses pour chacun, le comportement non souhaité de Cécile ait duré deux ans.

Un comportement non souhaité est encouragé quand la punition n'est pas exécutée

Quand vous intervenez en punissant, en dissuadant, il vous faut maintenir cette conduite. Et ce jusqu'à ce que le comportement indésirable ne se reproduise plus. Si vous ne persévérez pas (c'est-à-dire si vous levez la punition) et que l'enfant, lui, persiste dans son attitude, voici ce qui en découlera : l'enfant considérera l'arrêt de la punition comme un encouragement, comme une récompense au fait qu'il a tenu bon dans son comportement indésirable. L'arrêt de la situation désagréable que représente la punition prend valeur de récompense !

EXEMPLE

Mathieu (7 ans) s'occupe à table avec ses jouets. Au moment du repas, son père lui demande de ranger le désordre. Mathieu ne veut pas. Le père le lui demande encore une fois. Mathieu refuse. Le père ajoute en geignant qu'il est en droit d'attendre de son fils un peu d'aide et de collaboration : il a quand même 7 ans ! Mais Mathieu ne collabore pas. Papa se fâche et envoie les jouets par terre, après quoi il commence à dresser la table. Il continue à gronder son fils, et quand le repas est apporté à table, il lui dit : « Tu ne reçois pas à manger, tant que ton bric-à-brac n'est pas rangé. » Le gamin regarde, un peu déconfit, mais reste assis au milieu de ses jouets. « J'ai faim » sont les seuls mots qui lui viennent aux lèvres. Quand les autres ont presque fini de manger, la mère en a vraiment assez. Elle prend Mathieu, l'installe sur sa chaise et lui dit : « Cesse de te plaindre et mange ! ».

Voici les points frappants de ce récit :
1. le père aurait dû expliquer à Mathieu ce qu'il allait faire au moment où celui-ci a refusé de ranger ses jouets. Après coup, l'explication tardive (l'attention négative) devenait pour Mathieu une récompense à son refus ;
2. le père réagit de manière plutôt agressive, en jetant par terre les jouets de son fils. Aux yeux de Mathieu, c'est un bel exemple à suivre ; il est fort probable qu'il fera de même à la première occasion ;
3. de plus, le père continue encore à grommeler, ce qui comporte pas mal d'attention négative, et donc d'encouragement pour le comportement non souhaité de Mathieu ;
4. le père et la mère n'agissent pas de commun accord. Ce qui entraîne une situation peu claire ; les parents courent le risque que Mathieu joue à « diviser pour mieux régner » ;
5. la mère récompense en fait le comportement non souhaité de Mathieu. Sa désobéissance, sa mauvaise volonté et ses plaintes sont largement récompensées puisqu'il peut agir selon son envie et qu'en fin de compte il reçoit à manger.

Un comportement inadéquat des parents est, lui aussi, entretenu

Parfois, vous ne réalisez pas tout de suite que vous avez adopté un comportement inadéquat. En effet, vos premières réactions telles que frapper, crier, punir, donner des bonbons, céder… font de l'effet. Le comportement non souhaité de votre enfant cesse pendant un certain temps. Et à cause de cela, vous, parent ou éducateur, pensez souvent que vous avez agi de la bonne façon. Par l'arrêt du comportement indésirable, après avoir frappé, crié, puni, donné un bonbon, vous avez reçu un encouragement à réagir de façon analogue la fois suivante. L'ennui est que l'effet ainsi obtenu ne représente qu'un petit succès de courte durée. Une telle méthode parvient rarement à un résultat durable, prolongé. Vous ne devez donc pas vous laisser aveugler par ces résultats temporaires. Ce genre d'approche a rarement des résultats durables.

EXEMPLE

Véro (8 ans) et Catherine (10 ans) se disputent continuellement. Leur mère leur a déjà demandé un nombre incalculable de fois de cesser, mais en vain. Soudain elle perd patience et crie d'une voix suraiguë : « Cessez ! Mais cessez ! Vous me donnez mal à la tête ! » Les enfants ont peur du cri de leur mère et cessent immédiatement de se disputer. Elles jouent maintenant tranquillement et maman peut enfin se concentrer sur ses comptes. Mais elle oublie d'encourager, de récompenser Catherine et Véro pour s'être calmées. C'est pourquoi il ne faut pas plus de dix minutes pour qu'elles se disputent à nouveau. La mère pense connaître la solution et elle crie de nouveau : « J'ai mal à la tête ! ». La dispute se calme mais aussi longtemps que la mère ne récompensera pas au bon moment le comportement souhaité, elle devra crier pour contraindre ses filles à une paix de très courte durée.

Un comportement indésirable se renforce s'il est encouragé de temps à autre

Il est bien sûr très difficile de réagir adéquatement face à un comportement indésirable. Parfois, la présence de quelqu'un, un regard en direction de l'enfant, sont déjà des encouragements. Vous devez être fermes pour ne pas réagir une seule fois de travers. Mais sachez que vous échappez rarement à cette loi : de temps en temps vous encouragez effectivement un comportement non souhaité ! Or, comme nous l'avons déjà expliqué auparavant, lorsqu'un comportement a été acquis, il continue à persister même s'il n'est encouragé qu'occasionnellement.

EXEMPLE

Revenons à Cécile, la petite fille qui pleurait le soir. Les pleurs de Cécile étaient encouragés à un point tel qu'elle se mit à pleurer de plus en plus souvent, même la journée et sans raison apparente. Les gronderies de la mère ne donnaient aucun résultat. Elle essaya alors avec des friandises. Ce fut positif ! Les pleurs cessèrent avec un bonbon. Mais en fait la mère n'encourageait avec les bonbons que le comportement non souhaité de Cécile. Cécile s'est mise à pleurer de plus en plus et la mère à tendre de plus en plus souvent la main vers la boîte à bonbons. Après des entretiens avec un thérapeute familial, la mère décida de désapprendre à Cécile les larmes et les friandises. Un jour, elle commença à ignorer les pleurs. Naturellement, Cécile essaya toutes ses ruses, mais la mère tint bon. Cécile finit par céder : elle arrêta de pleurer. Un moment plus tard, maman alla vers elle, l'embrassa et lui dit : « Tu deviens vraiment une grande fille ! Voilà que tu ne pleures plus ! Nous allons raconter ça ce soir à papa... ». Et quand le père rentra à la maison et entendit le récit, lui aussi la félicita affectueusement. Le lendemain, le père venait de sortir, quand la mère voulut faire une course. Cécile commença à pleurer et la mère ne pouvait attendre qu'elle cesse d'elle-même. Elle donna un bonbon à Cécile, en se disant : « Une petite fois ne peut faire de mal ! ». A tort, car cela recommença de plus belle. Cécile apprit qu'elle devait beaucoup pleurer pour avoir des friandises, ce qu'elle fit donc. Ce n'est que lorsque le père et la mère cessèrent tout à fait de récompenser les pleurs que le comportement larmoyant de Cécile disparut.

Vous le voyez : quand un comportement indésirable est toléré de temps en temps (ce qui ne paraît pas grave en soi), non seulement il ne cesse pas, mais il gagne en résistance. Ne jamais encourager un comportement non souhaité est vraiment difficile. C'est ce qui nous pousse à tant insister sur l'apprentissage du contraire : le comportement souhaité. La règle selon laquelle encourager de temps à autre un comportement le renforce, joue en notre faveur dans le cas de l'apprentissage d'un comportement souhaité, mais elle agit contre nous dans le cas du désapprentissage d'un comportement non souhaité.

2. Le problème de la punition

Dans le chapitre précédent, nous avons expliqué combien il était important que le comportement souhaité ait des conséquences positives et qu'il soit encouragé. À l'inverse, nous voudrions maintenant insister sur les conséquences, parfois efficaces mais souvent aléatoires, de la punition et sur la dissuasion d'un comportement indésirable. Certes, il est important que vous fassiez remarquer très clairement à votre enfant qu'il ne se tient pas aux règles ou aux conventions. Votre enfant a besoin de cette ligne de conduite : elle donne de l'assurance, de la clarté et un point d'appui. Vous verrez d'ailleurs dans la suite immédiate de notre commentaire comment *des punitions logiques, limitées et conséquentes peuvent être une aide importante.*

Mais nous devons les appliquer avec parcimonie car elles comportent de nombreux inconvénients.

Inconvénients de la punition

Les punitions telles que frapper, secouer, crier, enfermer dans un réduit sombre... destinées à arrêter le comportement non souhaité, agissent effectivement comme un frein, mais à court terme. Se limiter à la punition n'est pas une solution efficace. L'effet s'estompe trop rapidement. Bien sûr, vous avez souvent besoin de cet effet immédiat, même si vous savez que cela ne donne pas de résultat à long terme. Il est très important qu'un enfant hyperactif se rende clairement compte quand il dépasse les bornes. Il sera parfois nécessaire de punir ; dans ce cas essayez de tenir compte d'une série d'éléments car les punitions, et surtout les punitions agressives, comportent bien des inconvénients.

1. La punition interrompt le comportement non souhaité mais à plus long terme vous n'en tirez pas de bénéfices.

2. Les punitions agressives sont un mauvais exemple. Les parents qui punissent souvent de manière agressive reçoivent un comportement agressif en retour.
3. Punir peut nuire à l'ambiance familiale.
4. Punir est nécessairement limité. On ne peut pas continuer à frapper, continuer à crier. Encourager continuellement est en fait plus facile que punir continuellement.
5. Votre enfant tient bon dans son comportement indésirable souvent plus longtemps que vous ne persistez dans la punition.
6. Vous n'êtes jamais tout à fait assuré que la punition agisse réellement en tant que telle. Au lieu d'avoir un effet dissuasif, la punition peut aussi ressembler à un encouragement du comportement non souhaité.
7. La punition n'a souvent l'effet souhaité que lorsque celui qui punit reste dans le voisinage de l'enfant.
8. L'enfant fait vite le lien désagréable entre la punition et celui qui punit. De cette manière, la seule présence de la personne qui punit peut déjà apparaître comme désagréable. La relation entre parent et enfant — entre le puni et la personne qui punit — se trouve en danger. Le parent devient un bourreau ; et la simple présence, considérée comme désagréable, de la personne qui punit peut inhiber l'enfant et même faire disparaître des comportements souhaités.
9. Quand un enfant est fréquemment puni, il éprouve un sentiment d'infériorité, dans le sens de « Je suis un incapable, je ne fais rien de bon. » Par contre, l'encouragement du comportement souhaité augmente aussi bien sa confiance en lui qu'en ceux qui l'éduquent.

En punissant, agissez vite et clairement. C'est parfois nécessaire. Mais n'en attendez pas de résultats durables, si vous n'enseignez pas et n'encouragez pas immédiatement le comportement opposé.

Ne pas punir du tout est impossible et à déconseiller

Après le paragraphe précédent, vous aurez compris que nous ne sommes pas des enthousiastes des punitions et surtout pas des punitions agressives. Toutefois nous ne voulons pas commettre l'erreur de pas mal de pédagogues qui — en réaction à l'éducation beaucoup trop autoritaire et sévère d'autrefois — propagent l'idée que punir est tout à fait diabolique. De l'expérience de parents, thérapeutes et cliniciens, il semble clair qu'il est impossible de supprimer la punition, et qu'il est assez néfaste d'essayer.

Si les parents décident d'éliminer toute forme de punition, nous remarquons souvent qu'ils font alors du chantage affectif pour obtenir quelque chose. Quand leur enfant se comporte de manière non souhaitée, ils ne punissent pas, mais réagissent au propre ou au figuré, en paroles ou en gestes, par quelque chose comme : « Si tu fais ceci ou cela, tu me contraries beaucoup ». D'autres parents semblent rester amicaux, mais se montrent déçus. Ces parents perdent de vue que se montrer contrarié ou déçu est aussi une forme de punition, et même une forme très sévère. Si on reste en apparence amical, tout en laissant transparaître sa déception, cela crée inévitablement une confusion ! Lorsque les parents réagissent souvent de cette manière, ils peuvent rendre leurs enfants hésitants, dépressifs, anxieux ou agressifs.

D'autres parents encore — avec parfois des conséquences vraiment catastrophiques — peuvent penser « S'il est méchant, c'est parce que je ne lui ai pas montré assez d'amour ». Face au comportement non souhaité, ils réagissent par des témoignages d'amour et d'affection, et même parfois en donnant des petits cadeaux. Comme si un enfant interrompait un comportement désagréable parce qu'il serait enfin convaincu de l'amour de ses parents ! C'est une erreur tellement grave qu'elle mène parfois l'enfant à des comportements extrêmes. La situation peut échapper tout à fait aux parents ; et on en arrive même à ce que ceux-ci soient tyrannisés, voire maltraités, par leur enfant devenu plus grand.

Utilisez une punition modérée, chaque fois et immédiatement

Dans certaines situations — surtout chez les enfants hyperactifs — un comportement doit être interrompu tout de suite. Une intervention immédiate des parents, brève et claire, s'avère nécessaire. Lorsque le comportement devient extrêmement gênant, voire dangereux pour l'enfant ou son entourage, on ne peut éviter la punition.

Un jeune enfant hyperactif, plus encore qu'un autre, doit apprendre dès que possible la signification d'ordres tels que : « Non ! », « On ne peut pas ! », « Arrête cela tout de suite ! » et « Ne fais plus jamais ça ! ». L'obéissance à ce « Non ! » est d'importance vitale pour votre enfant. Si vous dites régulièrement « Tu ne peux pas » et que cependant vous laissez faire à l'enfant ce dont il a envie, il apprend que « Tu ne peux pas » est très relatif.

Si votre enfant escalade une échelle ou prend le flacon de produit pour la vaisselle, s'il joue avec des allumettes, utilise le couteau de cuisine, enfonce un clou dans la prise de courant, emprunte le vélomoteur de son père…, votre intervention doit être telle qu'il ne le fasse pas deux fois.

Apprendre à votre enfant à obéir est de la plus haute importance, surtout si sa propre sécurité est en jeu

Vous pouvez tenir autant que possible les objets dangereux hors de portée de votre enfant, mais vous ne pouvez pas tout éviter. Il est impossible de tenir à l'écart toutes les choses dangereuses et, si votre enfant n'a pas appris à obéir, une catastrophe est vite arrivée. Bien sûr il faut cacher les désherbants hors de portée des enfants, mais il est encore bien plus important d'apprendre à votre enfant qu'il ne peut jamais y toucher. Dans les nombreux articles et brochures qui parlent de créer un milieu de vie sûr pour les enfants, on omet souvent de souligner la nécessité vitale de l'obéissance.

Vous pouvez par exemple apprendre à un petit enfant la signification de : « Tu ne peux pas » en accompagnant ce « Tu ne peux pas » de quelque chose de désagréable. Certains parents crient : « Tu ne peux pas ! » d'une voix si forte que cela résonne désagréablement, d'autres parents accompagnent le « Tu ne peux pas » d'une chiquenaude. Si vous faites cela systématiquement, après quelque temps, un « Tu ne peux pas » prononcé d'une voix résolue suffira pour que votre enfant cesse.

> Après quelques fois la séquence :
> comportement dangereux → « Tu ne peux pas » → quelque chose
> de désagréable → l'enfant arrête
> devient le plus souvent celle-ci :
> comportement dangereux → « Tu ne peux pas » → l'enfant arrête

Figure 8

En introduisant tôt et systématiquement cette petite mesure désagréable, vous épargnez à votre enfant un tas d'ennuis. Un « Non ! » sévère et une chiquenaude sont moins graves qu'un choc électrique, un empoisonnement ou une noyade. Un « Non ! » sévère et un chiquenaude sont aussi moins graves qu'une fessée lorsque l'enfant n'obéit pas et que la situation vous échappe.

Par ailleurs, réagir à temps et souvent par un « Non ! » sévère et une chiquenaude est moins grave que contenir chaque fois votre mécontentement et vos frustrations, pour finalement exploser tout à coup en envoyant à votre enfant une raclée dont vous vous sentirez coupable pendant des jours. À cause de ce sentiment de culpabilité, vous interviendrez la fois suivante à nouveau trop tard et pas assez sévèrement ; vous vous en sentirez à nouveau frustré et finalement vous perdrez le contrôle de vous-mêmes. Un cercle vicieux s'installe ainsi, pénible pour l'enfant comme pour les parents.

Une punition modérée, immédiate et administrée systématiquement est souvent une aide inévitable, mais surtout précieuse, dans le cas d'un comportement indésirable (dangereux).

Administrer à temps une punition modérée vous évitera de perdre le contrôle de vous-même et d'infliger une punition lourde ou une punition corporelle. Par ailleurs, ne vous alarmez pas si, exceptionnellement, vous perdez le contrôle de vous-même, si vous criez, giflez, hurlez, à condition que cela se passe dans le cadre d'une relation fondamentalement affectueuse.

EXEMPLE D'UN DES AUTEURS

Quand ma fille avait neuf ans, je me suis fâché sur elle et lui ai donné une gifle. Cette fois-là, bien que j'estimais qu'elle eût réellement mérité une chiquenaude, ma réaction du moment avait été trop violente et incontrôlée. Après que nous nous fussions calmés tous les deux, je lui dis : « Désolé, tu avais mérité une chiquenaude, mais je reconnais que cette gifle était vraiment trop forte. Combien de chiquenaudes y a-t-il dans une gifle pareille ? » — « Trois » — « Bien, alors tu peux garder deux chiquenaudes en réserve ». Un peu plus tard, elle fit quelque chose de mal et réagit elle-même à propos : « OK, laisse tomber, j'ai encore deux chiquenaudes en réserve, retires-en une ». Nous en rîmes tous les deux.

Si vous punissez sérieusement un comportement non souhaité, vous devez le faire *chaque fois*. Faute de quoi, votre comportement devient imprévisible, incompréhensible pour l'enfant. De plus, en punissant seulement de temps à autre, vous courez le risque de voir le comportement non souhaité se renforcer.

Quand vous punissez, vous devez également punir *immédiatement*. La punition doit être une réponse aussi rapide que possible au comportement non souhaité. Votre enfant doit pouvoir déceler le lien entre son acte et votre réaction. C'est pourquoi la punition doit être légère, mais claire.

Une petite punition modérée, appliquée chaque fois immédiatement, est beaucoup plus efficace qu'une punition lourde, différée et donnée de temps à autre. Cette règle est encore bien plus importante s'il s'agit d'enfants plus jeunes, ou d'enfants moins intelligents ou encore d'enfants atteints de TDAH.

D'autre part, il est important, pour désapprendre un comportement indésirable, de commencer par le début : vous devez « arracher avec ses racines » le comportement non souhaité. Une petite boule de neige devient vite une avalanche. Or, si l'on peut facilement arrêter une boule de neige, on est impuissant face à une avalanche. Une petite mesure suffit lorsque vous intervenez au premier signe que quelque chose ne va pas. Si vous attendez trop longtemps avant d'intervenir, vous serez plutôt tenté de donner une grosse punition. Plusieurs petites punitions fermes et immédiates valent mieux qu'une réaction violente après un certain temps.

Si deux enfants se « volent dans les plumes » sans arrêt, n'attendez pas qu'ils en arrivent là ; intervenez aussitôt que cela prend mauvaise tournure, par exemple en les envoyant chacun dans sa chambre.

Il est donc important de bien observer, de repérer le moment précis où un comportement déterminé commence à mal tourner et de reconnaître la situation déclenchante avant qu'il ne soit trop tard.

Mieux que la punition : des conséquences désagréables

Il existe encore une autre forme de punition, que certains parents n'osent pas utiliser : les conséquences désagréables. Adapté de manière correcte, c'est un instrument utile et nécessaire pour maintenir le comportement d'un enfant sur de bonnes voies.

Certaines formes de comportement inadéquat entraînent d'elles-mêmes des conséquences tellement négatives qu'un enfant n'imaginera plus les essayer à nouveau. Si un enfant, après des avertissements répétés, tire encore l'oreille du chien et reçoit un coup de dents, il se tiendra désormais hors de portée du chien. La règle serait la suivante : *un comportement qui a des conséquences désagréables aura tendance à se raréfier.*

Cependant, chez des enfants atteints de TDAH plus que chez d'autres enfants, vous devez tenir compte du fait que l'enfant ne tire pas tout de suite la leçon des conséquences négatives d'un comportement déterminé. Là où la plupart des enfants arrêtent d'embêter le chien après un ou deux coups de dents, il en faudra six ou sept pour qu'un enfant TDAH se décide à cesser !

Nous reviendrons plus loin sur la difficulté d'apprentissage des enfants TDAH. Malheureusement, la plupart des formes de comportement indésirable n'ont pas systématiquement de telles conséquences ou alors celles-ci surviennent avec un tel retard que l'enfant ne perçoit plus le rapport entre son geste et les conséquences qui en découlent. Ou encore, il arrive que le comportement non souhaité n'ait de conséquences désagréables que pour les autres ou qu'elles ne puissent être perçues que par un adulte. *Dans ces cas fréquents, les parents et les éducateurs doivent veiller eux-mêmes à ce que le comportement non souhaité ait des conséquences suffisamment négatives pour que l'enfant renonce à ce comportement.*

Les meilleures conséquences sont celles qui découlent logiquement du comportement non souhaité. Un enfant qui a volé de l'argent ne doit pas recevoir une paire de claques, mais doit plutôt travailler durement pour gagner de l'argent et le rendre. Un enfant qui a fait pipi au lit doit s'occuper lui-même de ses draps et de son linge. Un enfant qui a renversé un verre doit nettoyer la table. Parfois il n'y a aucun désagrément comme suite logique du comportement et il faut imaginer autre chose, par exemple la suppression de certaines faveurs, la réduction (temporaire) de l'argent de poche, la diminution du temps consacré à la télévision...

Il est important que votre enfant sache autant que possible à l'avance quelles seront les conséquences — naturelles ou provoquées par les adultes — de son comportement non souhaité. C'est pour ainsi dire un contrat entre parents et enfant. Sous sa forme la plus simple, cela donnerait par exemple : « Si je dois encore t'avertir une fois, alors... ». Chez des enfants plus âgés, le contrat mis par écrit fait souvent plus d'effet.

En résumé : *un enfant doit savoir d'avance à quoi s'en tenir, et quelles seront les conséquences d'une éventuelle transgression des règles.* Plus encore qu'un autre, un enfant TDAH a besoin de ce genre de clarté.

En tant que parents, ne vous laissez surtout pas impressionner par un « Bof, ça ne me fait rien, je n'avais quand même pas envie de dessert ». Exécutez de toute façon ce qui avait été prévu. Vous devez toujours faire ce que vous avez dit, ce qui a été convenu. Sinon vous apprenez à votre enfant qu'il n'est pas obligé de se soumettre à des contrats. Les accords deviennent alors des menaces creuses et vous serez forcés d'alourdir sans cesse les menaces, ce qui les rendra encore plus difficiles à exécuter.

À des enfants plus âgés, vous pouvez aussi expliquer que tout l'amour et la bonne volonté ne peuvent pas venir toujours du même côté, et que les gens ne peuvent vivre ensemble que sur la base d'un équilibre entre donner et recevoir. Quand un enfant éprouve des difficultés à se tenir à ses tâches, il peut s'avérer très utile de cesser quelque peu de « travailler pour lui », ce que votre enfant considère comme allant de soi. Une grève parentale fait ainsi parfois des miracles. Par exemple, si le fiston chéri refuse de mettre sa tenue de football dans la manne à linge, vous pouvez cesser a) de le faire vous-même et b) de laver ses affaires jusqu'à ce qu'il exécute sa part du travail.

Par-dessus tout, enseignez le comportement opposé et souhaité

Une punition ou des conséquences négatives ne sont jamais suffisantes en elles-mêmes !

Une punition, des conséquences négatives et la méthode ATE (voir plus loin) donnent des résultats à condition d'être exécutées correctement et d'aller toujours de pair avec l'apprentissage et l'encouragement du comportement souhaité. Le contraire de désobéir, c'est obéir... ; le contraire d'être trop agité, c'est rester tranquille... ; le contraire de se disputer, c'est jouer ensemble... etc. Il est essentiel que l'apprentissage de ce comportement adéquat soit beaucoup plus efficace et agréable que le désapprentissage du comportement indésirable.

Voici la règle d'or : *ne désapprenez jamais le comportement indésirable sans encourager le comportement opposé et souhaité.*

Par exemple, l'apprentissage de l'obéissance entraîne immédiatement le désapprentissage de la désobéissance. C'est faire d'une pierre deux coups. C'est en outre vraiment plus agréable, gratifiant et efficace d'apprendre quelque chose à un enfant que de lui désapprendre quelque chose.

- Encourager un comportement souhaité est en fait plus aisé que ne pas encourager du tout, décourager, ou nier le comportement non souhaité.
- Encourager donne à long terme un meilleur résultat que punir.
- Encourager crée une ambiance agréable et une meilleure relation entre les parents et l'enfant.
- L'encouragement a une influence stimulante sur l'indépendance de l'enfant et sa confiance en soi.

En tant que parent, vous devez parfois adapter ces règles de manière très créative pour apprendre ou désapprendre quelque chose à un enfant hyperactif.

EXEMPLE 1

Que feriez-vous par exemple dans le cas d'un enfant de six ans, hyperkinétique et sourd, qui sort sans cesse de son lit ? Lui crier quelque chose à distance est impossible et aller vers lui chaque fois est une trop grande récompense pour son compor-

tement non souhaité. Une fois que ses parents ont compris les principes des paragraphes précédents, ils ont trouvé d'eux-mêmes une solution géniale : le père plaça sous les pieds du lit des ressorts métalliques et dans un des ressorts, un interrupteur connecté à une veilleuse. Aussi longtemps que le garçon restait au lit, la lumière restait allumée (encouragement, récompense). Quand il sortait du lit, la veilleuse s'éteignait (conséquence négative). Le résultat ne s'est pas fait attendre : l'enfant resta dans son lit, dormit plus longtemps et devint plus paisible, mieux éveillé et plus amical pendant la journée.

EXEMPLE 2

Un autre enfant hyperactif sortait de son lit la nuit et très tôt le matin ; il faisait alors parfois de dangereuses bêtises ; son père avait conçu une solution ingénieuse. Il avait installé une sonnette automatique de magasin à la porte de la chambre de son fils. Ce qui est intéressant dans ce cas, c'est que l'alarme n'a jamais dû fonctionner ! Cette simple sonnette était un message suffisamment clair de la part des parents de sorte que l'enfant n'a eu aucun mal à se tenir à cette exigence.

3. Astuces pour désapprendre un comportement indésirable

Comptez les points pour le comportement souhaité

Comment savez-vous si votre enfant se tient au nouveau comportement que vous lui avez appris ? Un jour, vous avez l'impression qu'il adopte correctement et fréquemment le comportement enseigné, alors que le lendemain, cela ne va plus du tout. Et si un jour vous ne vous sentez pas en grande forme, vous avez plus rapidement l'impression que votre enfant aussi va moins bien. Quand vous êtes en grande forme, il vous semble aussi que votre enfant fait toutes sortes de progrès.

« Bien » ou « mal » sont des interprétations, des suppositions subjectives sur lesquelles vous avez en fait peu de prise, parce qu'elles sont influencées par votre propre humeur. *Pour arriver à savoir si votre enfant fait vraiment « bien » ce que vous lui avez demandé, vous devez « mesurer » le comportement qu'il a appris.* Essayez de trouver un moyen pour mesurer le comportement appris, quantitativement et qualitativement. Cette évaluation est encore plus précise et efficace si vous la transposez sur un graphique (sorte de « tableau de score »), car vous pouvez alors vous assurer en un coup d'œil de l'amélioration ou de la régression.

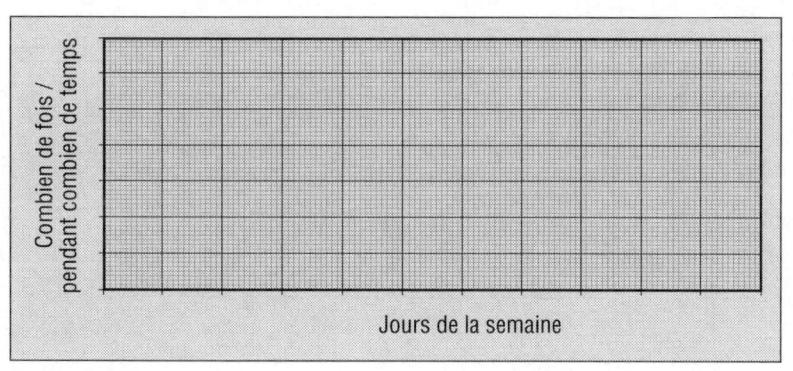

Comment désapprendre le plus rapidement possible quelque chose à votre enfant

Figure 9

Affichez de préférence le score du comportement souhaité. Si vous êtes en train de désapprendre un comportement indésirable, mesurez alors le comportement souhaité (opposé). Vous vous forcerez ainsi à garder à l'œil le comportement souhaité plutôt que son opposé. Certains comportements sont très faciles à représenter au moyen d'un tableau de score ; par exemple, aider à faire la vaisselle, enfiler soi-même ses chaussettes, faire son lit, amener un copain à la maison, obtenir plus qu'un 6/10 à l'école.

D'autres comportements se prêtent mieux au « prélèvement d'échantillons » : vous notez pendant un temps déterminé combien de fois votre enfant se comporte de la manière souhaitée. Par exemple, pendant le souper et pendant l'heure qui suit, le père note chaque fois qu'Anne fait immédiatement ce qui lui est demandé. Ou bien la mère note combien de temps Ronald joue seul. Complétez sur le graphique de base les données que vous avez collectées pendant l'observation. Par exemple, si Ronald joue le premier jour tranquillement cinq minutes tout seul, inscrivez une croix à l'endroit où la ligne du premier jour et celle des cinq minutes se croisent. Si Ronald joue le lendemain dix minutes tout seul, on fait une croix au croisement de la ligne du deuxième jour et des dix minutes. Si vous reliez toutes les croix, vous obtenez, espérons-le, une courbe ascendante.

À titre d'exercice, remplissez vous-mêmes le graphique ci-dessous, d'après l'exemple suivant.

Antoine faisait pipi au lit chaque nuit. Avec un programme d'encouragement, il resta au sec deux fois la première semaine, deux fois la deuxième semaine, cinq fois la troisième semaine, quatre fois la quatrième semaine, six fois la cinquième semaine, cinq fois la sixième semaine, sept fois les septième, huitième et neuvième semaines, six fois la dixième semaine, et depuis lors chaque semaine, sept fois !

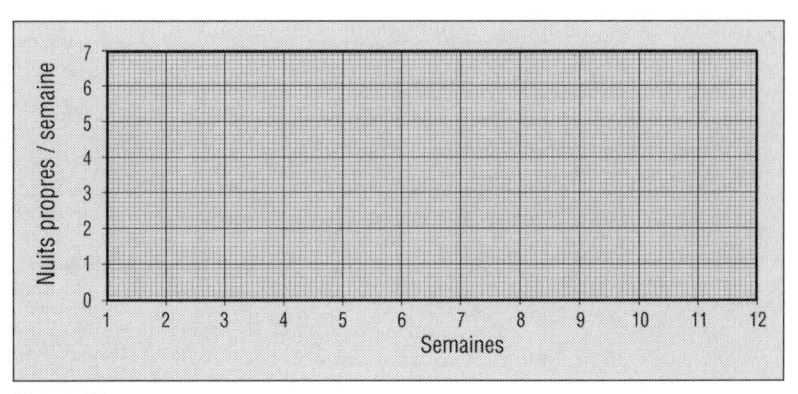

Figure 10

De ce graphique, vous pouvez déduire que, malgré les quelques rechutes, le « programme de mise au sec » d'Antoine se déroule très bien.

Si votre enfant a déjà appris à l'école comment on fait un graphique, il trouvera sans doute amusant de le faire lui-même.

La méthode ATE (Absence Totale d'Encouragement)

Nous avons déjà souligné au passage combien il est difficile de ne pas encourager du tout un comportement non souhaité, parce qu'un simple regard ou votre seule présence sont suffisants pour être considérés par votre enfant comme un encouragement. Voilà pourquoi une méthode fut imaginée pour surmonter ces difficultés. Nous l'avons appelée la méthode « ATE » (Absence Totale d'Encouragement). Principalement d'après les recherches du Dr Patterson, il apparaît que l'ATE est beaucoup plus efficace, par exemple, que tempêter, râler, frapper ou que toutes les formes de punitions agressives en général. Cette méthode est principalement destinée à de jeunes enfants (jusqu'à environ 12 ans) et aux enfants qui ont des difficultés à apprendre ou à désapprendre quelque chose. La plupart des enfants n'ont besoin de la méthode ATE que pendant une courte période, le temps de remettre dans le droit chemin un comportement dont on a perdu le contrôle. Quand tout se remet en place à peu près correctement, vous pouvez arrêter l'ATE.

Appliquer la méthode ATE revient à mettre l'enfant à l'écart, dans un endroit où il ne peut ni recevoir ni trouver aucune forme d'encouragement.

Naturellement, cet endroit, cette pièce, ne peut pas être sombre ou inquiétant. Il ne s'agit en aucun cas de revenir à l'ancien enfermement dans la cave, dans une armoire ou dans le trou à charbon. Si vous concevez l'ATE dans cet esprit, il vaut mieux ne pas commencer. Un W-C ou une salle de bains, débarrassés d'objets destructibles, peuvent être des endroits appropriés. Le père d'un enfant incontrôlable de quatre ans avait redescendu son parc du grenier et l'avait fermé des quatre côtés avec des planches, de façon à ce que l'enfant ne puisse pas voir au-dehors.

La mise à l'écart dans un tel espace a surtout pour but d'éviter toute forme d'encouragement, toute forme de contact. C'est aussi une sorte de punition que vous pouvez appliquer immédiatement et chaque fois, et à laquelle vous pouvez vous tenir facilement jusqu'à ce que le comportement non souhaité ne se reproduise plus.

Peut-être vous dites-vous « J'ai déjà essayé quelque chose de ce genre, mais cela n'a pas fonctionné. » Si cela n'a effectivement donné aucun résultat, peut-être n'était-ce pas une « vraie » ATE ou peut-être avez vous oublié d'encourager en même temps le comportement souhaité. Avant de commencer l'ATE ou si elle échoue, pensez à ce qui suit :

1. L'espace où l'ATE est appliquée ne doit provoquer aucune angoisse chez l'enfant. Nous ne retournons donc pas au « trou à rats » d'autrefois.
2. Il vaut mieux utiliser un espace isolé, comme un WC, une salle de bain, un hall...
3. S'il n'est pas possible de trouver un endroit isolé, délimitez d'une manière ou d'une autre un coin du living, du hall, ou de la cuisine. « Mettre au coin » est insuffisant parce qu'alors l'enfant reste accessible à toutes sortes d'encouragements et de distractions, comme par exemple la télévision, d'autres enfants ou votre présence.
4. Il ne peut rien y avoir dans cet espace avec quoi l'enfant puisse jouer.
5. Au début, l'ATE doit être appliquée *chaque fois* que l'enfant se comporte de manière indésirable.
6. L'ATE doit suivre *immédiatement* le comportement non souhaité. Si ce n'est pas possible, par exemple en voiture, vous pouvez dire à des enfants déjà raisonnables, un peu plus âgés, sans vous fâcher « Dès que nous serons à la maison, tu iras trois minutes en ATE ».
7. Vous ne pouvez utiliser l'ATE que pour un seul comportement indésirable, bien déterminé. Si vous appliquez l'ATE à propos de tout et de n'importe quoi, la confusion surviendra aussi bien chez

les parents que chez l'enfant. Il deviendra difficile de continuer à utiliser l'ATE de manière efficace.
8. Vous ne pouvez appliquer l'ATE que si vous mettez en route en même temps un *programme d'encouragement* du comportement opposé et souhaité !
9. *Expliquez d'avance à votre enfant, et aussi clairement que possible, ce qu'est l'ATE*, quel est votre but, ce que vous en attendez. Chez des enfants plus jeunes ou moins intelligents, cela ne réussit pas toujours, mais il faut essayer.

Par exemple : « Écoute, Vincent, la plupart du temps, je suis content de toi, mais tu es souvent brutal et je ne veux plus que tu me donnes des coups de pied. Nous allons t'aider à te désapprendre à donner des coups de pied. Si tu le fais encore, je te dirai « C'était brutal, va en ATE ». Tu iras alors dans la salle de bains, et tu y resteras deux minutes. Je mettrai la minuterie de la cuisine sur « deux minutes », et je la placerai près de la porte de la salle de bains. Tu entendras ainsi quand les deux minutes seront écoulées. Quand la minuterie sonnera, tu pourras sortir. Si tu refuses d'y aller, si tu donnes des coups dans la porte, si tu cries, si tu sors ou si tu fais des bêtises, j'ajouterai deux minutes. Si on arrive à dix minutes, tu ne pourras pas regarder la télé le soir. Mais je suis sûr qu'on n'en arrivera pas là, que ces deux minutes seront bien suffisantes. Regarde comme c'est court, deux minutes ! (le papa montre la minuterie). Et chaque jour où tu n'auras pas été brutal, maman te racontera une histoire. »

10. Après l'explication, le mieux est de faire une répétition dans un jeu de rôle, de « faire comme si ». Par exemple, la mère demande à Vincent de jouer un moment le rôle du garçon brutal. Vincent le fait ; la mère dit « C'était brutal, va en ATE » ; Vincent y va ; on remonte la minuterie… et toute la procédure ATE est jouée comme une pièce de théâtre. Parfois ce jeu de rôle parvient déjà à diminuer les tensions.
11. Si vous utilisez l'ATE, vous devez tout à fait cesser de râler et de gronder. Une phrase doit suffire, par exemple : « Tu t'es battu, va en ATE ».
12. Ne perdez jamais votre calme quand vous appliquez l'ATE. Si votre enfant refuse d'aller en ATE, dites-lui simplement : « Cela fera trois minutes en plus ». Répétez cela au maximum trois fois.
13. Vous devez savoir ce que vous ferez si votre enfant refuse malgré tout d'aller en ATE. En tout cas, restez calme. Il est impératif que

vous teniez le coup plus longtemps que lui, surtout la première fois. Dites par exemple : « Pour chaque série de dix minutes, tu perds une soirée de télévision ». Si vous avez dû en arriver là, exécutez cette punition sans faillir. Choisissez de préférence quelque chose que vous pouvez réaliser le jour même. Si un enfant plus jeune continue à refuser, emmenez-le calmement mais fermement vers l'endroit de l'ATE. Si nécessaire, un petit enfant peut y être mis de force. Vous le portez sans rien dire, son visage loin du vôtre, vers l'endroit de l'ATE. Quand il s'agit d'enfants plus âgés, les conséquences seront formulées et exécutées sans détour ! La première fois, ce sera vraiment difficile pour vous, mais vous devez rester ferme. Restez calme, mais déterminé.

14. Il est très important que les deux parents soient entièrement d'accord en ce qui concerne la démarche. Si ce n'est qu'à moitié ou pas du tout le cas, il vaut mieux ne pas commencer.

15. Vous risquez d'être déconcerté, si votre enfant dit : « Mets-moi dans la salle de bains, ça ne me fait rien, c'est là que je suis le mieux ». N'en tenez pas compte. Vous ne savez pas si votre enfant pense vraiment ce qu'il dit. À supposer même qu'il le pense, cela ne fait pas de tort au résultat visé par l'ATE. Car finalement le but principal est d'isoler l'enfant de tout encouragement, de tout contact. *Que l'enfant considère ou non cela comme une punition ne change strictement rien.*

16. Il y a des enfants qui essaient de se justifier et qui discutent. Ils trouvent que leur comportement n'est pas brutal du tout, qu'ils n'ont pas désobéi... Ne discutez pas avec votre enfant. Une telle discussion revient à prêter attention et cela constitue déjà une forme d'encouragement. Tenez-vous-en à ce que vous avez décidé. Si vous estimez que ce que votre enfant explique est sensé, dites : « D'accord, nous en discuterons quand tu sortiras d'ATE ». S'il ne se soumet pas, donnez-lui trois minutes en plus. S'il continue à discuter malgré tout, agissez avec lui comme avec un enfant qui refuse d'aller en ATE.

17. Par principe, l'ATE est de *courte* durée : trois minutes environ. Il s'agit avant tout de la mise à l'écart de toute forme d'encouragement et de contact, ce n'est pas une punition. Utilisez la minuterie de la cuisine. C'est facile pour vous-même et plus clair pour l'enfant.

18. Si, dans une même famille, plusieurs enfants manifestent le même comportement indésirable (jurer, dire des gros mots...), mettez sur

pied un accord ATE avec chacun. N'envoyez jamais deux enfants ensemble dans le même espace ATE !

19. *Vous devez toujours tenir bon dans l'application de l'ATE plus longtemps que votre enfant ne persiste dans son comportement indésirable.* La plupart des enfants comprennent vite qu'il s'agit de quelque chose de sérieux. C'est encore plus clair si vous abordez la situation de manière calme, résolue, avec un minimum de paroles.
20. Après un certain temps, lorsque l'ATE est réalisée correctement, les parents remarquent parfois que leur enfant la demande spontanément. Car des enfants hyperactifs plus âgés et intelligents en arrivent à pressentir le moment où ils perdent le contrôle d'eux-mêmes. Cette perte de contrôle est souvent très ennuyeuse pour l'enfant et parfois même angoissante.

Si un enfant a expérimenté quelques fois que la mise à l'écart lui fait du bien, il est possible qu'il aille de lui-même vers l'espace ATE pour y retrouver son calme.

Un frein de secours : maîtriser physiquement l'enfant

En cas d'urgence, il existe un dernier moyen qui peut être particulièrement utile aux parents et à l'enfant, à condition qu'il soit appliqué de la bonne manière. Il consiste à maîtriser physiquement votre enfant. La seule manière correcte et efficace doit respecter les conditions suivantes : *uniquement en situation d'urgence et toujours avec tendresse, calme et fermeté.* Le but principal est d'arriver à calmer un enfant totalement déchaîné. Cette approche est difficile à expliquer noir sur blanc, car des malentendus peuvent facilement surgir.

C'est pourtant un moyen tellement utile que nous allons tenter de l'expliquer ; nous assumons le risque d'être mal compris par certains pédagogues.

Supposons qu'un jeune enfant ne soit absolument plus abordable, qu'il soit complètement déchaîné et que sa colère dégénère en ouragan. Dans ce cas, maîtriser l'enfant physiquement constitue souvent le dernier et le meilleur moyen pour parvenir à le calmer. Vous mettez tout le monde dehors. Ne gardez aucun autre enfant dans le voisinage. La meilleure façon est de vous asseoir en prenant l'enfant sur les genoux (avec éventuellement l'aide d'un partenaire si l'enfant est plus grand). Vous maintenez son dos contre votre poitrine, vous croisez ses bras sur sa poitrine et vous prenez ses mains dans les vôtres. Vous entourez ses jambes avec les vôtres, de manière à le tenir serré contre vous, mais sans lui faire mal.

Vous tenez bon jusqu'à ce que votre enfant ait retrouvé son calme. Vous ne parlez pas, vous ne vous fâchez pas. Vous pouvez dire quelques fois « Je te laisserai aller dès que tu seras calmé ». Faites tout cela tendrement et calmement. *Ne le faites pas si vous êtes vous-même hors de vous ou si vous ne vous sentez pas la force d'y arriver.* Vous devez rester tout à fait paisible, contrôlé, sûr de vous. Il est possible que la première fois cela se déroule comme un véritable combat. Si les parents réussissent à rester tranquilles et sûrs d'eux, ces luttes deviennent étonnamment brèves. Même un enfant totalement déchaîné a vite compris quand la situation est vraiment sérieuse.

Retenez bien que *si l'enfant perd tout contrôle de lui-même, pour lui aussi c'est une expérience très désagréable*. Il peut être très angoissé par le fait de ne plus se sentir capable de se dominer, de s'arrêter. Le frein qui lui manque alors, ce sont ses parents qui doivent le lui donner.

Les quelques fois où, dans notre bureau, des parents ont ainsi ramené au calme un enfant totalement déchaîné ou quand nous l'avons fait nous-mêmes, nous avons remarqué que la lutte devenait rapidement une sorte de combat symbolique ; ce qui est possible si l'enfant perçoit très clairement que vous agissez en gardant affection et fermeté.

Si vous vous dominez bien et restez maître de la situation, l'enfant se débattra encore pour ne pas perdre la face. Ceci est surtout vrai chez des enfants plus âgés ; ils pourraient vraiment vous faire mal, mais finissent par céder.

Des parents de petits enfants hyperactifs ont raconté que, dans des moments de tension ou d'émotion extrême, ils pouvaient les calmer en les tenant contre eux. Si leur enfant était tout à fait perturbé par des événements tels qu'une maladie, des vomissements, la préparation d'un voyage scolaire, la difficulté de s'endormir, ils le tenaient tout contre eux — en dépit de l'opposition initiale de l'enfant. Ils s'installaient avec lui sur un banc ou sur un lit. Un père a expliqué comment dans une situation pareille, il a un jour pris solidement dans les bras son enfant qui se débattait. Il rythma sa propre respiration sur celle de l'enfant, puis respira de plus en plus lentement, car il avait remarqué que la respiration de l'enfant et l'enfant lui-même s'en trouvaient calmés.

Quand un tel contrôle physique s'est correctement déroulé, parents et enfants racontent souvent après coup que ce fut une expérience positive. Des enfants plus âgés racontent par exemple que l'intervention paisible, amicale, mais vigoureuse, leur a rendu de l'assurance et du calme. Parents et enfants racontent que ce corps à corps leur a donné en même temps un sentiment de chaleur.

Pour conclure, gardez bien à l'esprit que ceci reste une intervention d'urgence. Vous ne pouvez pas le faire dix fois de suite. Si vous devez sans cesse utiliser cette sortie de secours, il vous faudra réfléchir sérieusement sur ce qui déclenche les situations à problème, ce qui les encourage et comment vous pouvez les prévenir.

Résumé

Les raisons importantes pour lesquelles un enfant continue à se comporter de manière indésirable sont :

- Beaucoup de comportements indésirables s'autoentretiennent.
- Un comportement indésirable est parfois réellement récompensé.
- Un comportement indésirable est encouragé par les gronderies et les plaintes.
- Un comportement indésirable est encouragé quand il fait cesser une situation désagréable.
- Un comportement indésirable est encouragé quand la punition n'est pas mise à exécution.
- Le comportement inadéquat de la part des parents est lui aussi quelquefois encouragé.
- Un comportement indésirable se renforce s'il est encouragé de temps à autre.

Un enfant hyperactif doit sentir clairement quand il dépasse les bornes. L'une ou l'autre forme de punition est parfois indispensable. Tenez bien compte du fait que les punitions (surtout agressives) comportent de nombreux inconvénients. Vous obtiendrez beaucoup plus si vous vous concentrez sur l'encouragement du comportement opposé, celui qui est souhaité. Si vous punissez, utilisez systématiquement et immédiatement une punition modérée ; éventuellement utilisez l'ATE.

Enfin, tenir de « petites listes » du comportement constitue parfois un réel soutien pour les parents.

Chapitre 4 — *Comment se comporter avec les enfants hyperactifs. Conseils pratiques*

Les conseils des chapitres 2 et 3 sont des règles de base de l'apprentissage du comportement socialisé en général. Ils concernent également les enfants hyperactifs, mais les principes qu'ils proposent peuvent être utilisés pour n'importe quel enfant à qui on veut apprendre ou désapprendre quelque chose de façon efficace et agréable. Dans ce chapitre-ci, vous trouverez des conseils qui s'adressent plus spécifiquement aux enfants hyperactifs et surtout aux enfants hyperactifs avec TDAH.

1. Simplicité et structure

Les enfants hyperactifs ont besoin de structure. Cette structure doit avoir trois caractéristiques importantes : *de l'ordre, de la régularité, des règles simples et claires.*

Les enfants hyperactifs, surtout ceux qui sont atteints de TDAH, ont *un besoin primor-*

dial : l'ordre. Ces enfants sont incapables d'organiser seuls ordre et régularité : vous devez vous en charger à leur place. Ceci demande aux parents de garder le plus possible leurs affaires en ordre et de veiller à une grande régularité dans l'horaire de chaque jour et de chaque semaine. Ce besoin de régularité qu'a l'enfant hyperactif, vous le remarquerez quand son cadre de vie ordonné et régulier disparaît pendant les vacances ou les fêtes de fin d'année : alors, le comportement de l'enfant hyperactif risque de devenir plus difficile.

Comment pouvez-vous aider votre enfant dans ce domaine ? Tout d'abord, en rangeant toutes les affaires familiales — surtout les siennes — à des endroits déterminés. Encouragez-le à en faire autant. Ensuite, sachez que les enfants hyperactifs sont aidés *par une grande régularité d'horaires et des routines bien définies*. Ils trouvent des repères et un certain calme dans un horaire régulier (se lever, se coucher, regarder la télé) et des routines bien établies (par exemple au coucher, avoir le même rituel pour se déshabiller, faire pipi, se laver, raconter une histoire, le border…).

Il peut arriver que votre enfant se montre de temps à autre réticent face à cette discipline. Demandez-vous alors si les règles ne sont pas devenues trop strictes, essayez de les assouplir un peu. En même temps, faites une expérience, dites à votre enfant que vous avez l'intention d'adoucir un peu les règles, mais que vous devrez « resserrer la vis » après une semaine, si cela ne convient pas et s'il redevient trop agité ou inquiet.

Si des enfants ordinaires se trouvent plusieurs fois confrontés à une même situation, ils pourront la reconnaître plus rapidement la fois suivante. La plupart d'entre eux feront aussi le lien entre une situation donnée et une autre qui lui ressemble.

Par contre, un enfant hyperactif (et surtout un enfant TDAH) ne remarque pas toujours les rapports et relations. Comme ces enfants ont des difficultés de concentration, ils ne gardent en mémoire d'une situation donnée que des impressions disparates et confuses. Ils ne se rendent pas compte, le lendemain, qu'ils sont dans la même situation que la veille. Ils ne s'aperçoivent pas que certaines situations, apparemment différentes, ont en fait d'importantes similitudes. Au contraire, chez beaucoup d'enfants hyperactifs, l'attention se porte automatiquement vers ce qui leur paraît nouveau ou différent de l'ordinaire et ils ne perçoivent pas que des caractéristiques importantes sont restées identiques.

Par exemple, dans la pièce de séjour il y a certaines règles à respecter : ne pas crier, ne pas monter sur les fauteuils, ne pas toucher à la chaîne hi-fi... Un enfant ordinaire se rend vite compte que ces règles sont toujours d'usage, même quand il y a de la visite. Pour un enfant TDAH, ce n'est pas si évident. À cause de son attention déficiente, une pièce avec des invités lui paraît complètement différente d'une pièce sans visiteurs. Son attention se porte sur ce qui est nouveau (les visiteurs) et non sur ce qui n'a pas changé (la pièce de séjour et les règles liées à celle-ci). De temps en temps, vous en tirerez certains avantages : l'enfant fixe tellement son attention sur une nouveauté qu'il est tranquille pendant un certain temps dans la pièce où habituellement il papillonne de droite à gauche.

En général, les enfants font face à une nouvelle situation en faisant le lien avec une situation connue. Pour un enfant TDAH, ce n'est pas si facile. Il est possible qu'il réagisse mal ou qu'il devienne angoissé s'il est placé dans une nouvelle situation. Un enfant TDAH ne prévoit pas que si son père se fâche quand il joue avec un couteau, il se fâchera aussi quand il jouera avec les ciseaux. Il lui est difficile de comprendre que si sa mère lui interdit quelque chose, la même interdiction vaut également quand elle est absente. C'est pourquoi ces enfants acquièrent beaucoup plus difficilement que les autres un code propre de conduite, une « conscience » personnelle.

Pour aider l'enfant TDAH à découvrir les similitudes entre des situations et ce qui est important dans une situation donnée, il faut que l'éducation soit aussi simple et structurée que possible.

Tous les enfants hyperactifs, mais surtout ceux atteints de TDAH, ont besoin de *règles très simples et de réactions claires, positives et encourageantes lors d'un comportement souhaité, et de réactions négatives en cas de comportement indésirable*.

Vous remarquerez que notre point de vue n'est pas du tout du genre : « Soyez très patient », « Soyez indulgent », « Laissez-lui beaucoup de liberté ». Parfois, par compassion ou par intérêt, les parents écoutent volontiers des conseils de ce genre. Mais cela n'aide guère leurs enfants, au contraire.

Poser des exigences simples et claires, avec amour et fermeté, et encourager fortement le comportement souhaité, c'est la seule formule qui a une chance de succès.

Vos souhaits et exigences doivent être concis, simples et ne pas prêter à confusion. Aussi simples et précis que s'ils étaient adressés à un plus jeune. L'idéal est d'utiliser une seule phrase courte et précise. Par exemple : « Joue tout seul tranquillement pendant dix minutes (montrez la minuterie). Si tu y arrives, tu pourras m'aider à la cuisine avec le mixer ».

Les exigences doivent être très claires surtout pour les enfants TDAH parce que ces enfants ont des difficultés à discerner les nuances et les exceptions telles que : *peut-être, un peu, parfois, d'une part, d'autre part, habituellement... mais dans ce cas...*

Si vous lui interdisez quelque chose, vous ne devez tolérer aucune exception. Ceci vaut également quand vous permettez quelque chose : vous devez le faire (en principe) dans tous les cas. Ces enfants, plus que les autres, sont complètement désorientés lorsqu'ils reçoivent des directives auxquelles les parents accordent tantôt de l'importance, tantôt pas. Ils rencontrent aussi des difficultés quand les attentes de la mère ne sont pas les mêmes que celles du père. Ils ont besoin de règles simples et peu nombreuses.

L'enfant TDAH plus encore que l'enfant hyperactif, doit savoir exactement ce qui est permis et ce qui ne l'est pas. En tant que parent, vous devez lui faire savoir exactement jusqu'où il peut aller, quelles sont les limites qu'il ne peut pas franchir : c'est important pour n'importe quel enfant hyperactif, et essentiel pour l'enfant TDAH qui ne va intérioriser les règles et les structures qu'au bout d'un moment.

Par ailleurs les structures que vous imposez à un enfant vont devenir ses propres règles intérieures. Pour l'enfant TDAH, ce processus est spécialement difficile. La structure doit donc être simplifiée à l'extrême, et vous devez continuer à imposer les règles tant qu'il ne les aura pas intériorisées. Vous devez tenir bon jusqu'au moment où l'enfant sera capable de reconnaître de lui-même les similitudes de structure entre des situations apparemment différentes.

Pour les parents, il n'est pas toujours facile de tenir jusqu'au bout. C'est parfaitement compréhensible et il est normal que parfois vous renonciez ou que vous laissiez tomber la « structure » ou encore que vous vous mettiez en colère. Ne vous sentez surtout pas coupable, parce qu'il faut vraiment être bien armé pour avoir jour après jour la volonté de persister. Même des « super-parents » peuvent de temps en temps perdre patience !

En général, quand l'enfant atteint la puberté, vous devrez de moins en moins mettre l'accent sur les règles et laisser le jeune chercher lui-même sa propre structure. Mais pour un enfant hyperactif avec TDAH, c'est pratiquement impossible, parce que si vous relâchez un peu trop les rênes, les problèmes de comportement risquent de s'aggraver.

2. Éviter de distraire l'attention

Quand un enfant a tant de peine à fixer son attention et à se concentrer sur ce qu'il fait, il faut naturellement lui éviter autant que possible les causes de distractions et les excitations inutiles. C'est une des raisons pour lesquelles nous vous conseillons de présenter vos attentes et instructions aussi simplement que possible et d'éviter les mots et les phrases superflus qui dispersent son attention.

On peut également aider un enfant hyperactif à se concentrer sur ce qui est important en *évitant dans son environnement toutes les causes possibles de distraction*. Un enfant hyperactif se comportera plus calmement dans un endroit pauvre en stimulations. Ceci est surtout important en ce qui concerne les tâches scolaires. De préférence, il fera ses devoirs à une table où ne se trouve que le strict nécessaire, en face d'un mur dépourvu de décorations, dans une pièce avec le moins possible de bruits gênants.

Quand un enfant ordinaire apprend à rouler à vélo, vous choisissez pour cela une petite rue tranquille. Mais dans le cas d'un enfant TDAH, il vaut encore mieux un chemin totalement isolé où il ne passe pas un chat. Et encore, ne vous étonnez pas de le voir tomber de vélo au moment où une vache se met à meugler dans le lointain.

À table aussi, essayez de créer une zone libre autour de l'assiette de l'enfant hyperactif et faites en sorte que l'atmosphère soit la plus paisible possible. Si votre enfant renverse malgré tout son verre, restez calme. Commencez le repas suffisamment à temps car, s'il faut se presser ou s'il y a une cause d'agitation ou de tension quelconque, les risques d'accident augmentent.

En règle générale : évitez excitations et distractions aux moments où votre enfant a besoin de se concentrer.

Il y a une seule exception à cette règle : ce sont les enfants qui deviennent nerveux quand il fait trop calme. Ces enfants-là ont besoin d'une légère excitation continue et se concentrent plus facilement lorsque, par exemple, vous mettez la radio en sourdine. Essayez, vous découvrirez ce qui lui convient le mieux.

3. Prévenir vaut mieux que guérir

En tant que parent d'un enfant hyperactif, *vous devez apprendre à anticiper les situations problématiques*. Vous devez vous rendre compte qu'une situation qui vous semble tout à fait normale est pour votre enfant « nouvelle » et *inhabituelle*.

Vous pouvez préparer votre enfant à toutes sortes de nouvelles situations et intervenir dès que les choses risquent de tourner mal. Pensez à l'effet boule de neige. Si vous allez quelque part en visite, racontez-lui à quoi ressemble l'endroit où vous vous rendez, qui sera là, ce qui va se passer et ce que vous attendez précisément de lui. Vous pouvez préparer votre enfant en lui racontant à l'avance ce qui va se passer. Un moyen très efficace pour cela est le « jeu de rôle ». Vous jouez comme au théâtre la nouvelle situation avec votre enfant. Si vous allez en visite chez ses grands-parents par exemple, imaginez que votre salle à manger est la leur et vous jouez, vous-même, le rôle des grands-parents. La première fois que vous ferez un jeu de rôle, vous trouverez peut-être cela incongru, mais vous serez convaincu de son efficacité quand vous verrez à quel point il peut aider votre enfant.

Pour éviter des problèmes au cours d'une nouvelle situation, il est bon de *rester auprès de votre enfant*, surtout aux moments où vous savez que ça risque de mal tourner.

Il est très pratique dans ce cas d'utiliser des signaux. Beaucoup de parents décident, avec leur enfant, d'un « code secret » pour pouvoir en cas de besoin le prévenir sans attirer l'attention générale. Froncer les sourcils ou « faire de gros yeux » est souvent efficace, mais les enfants préfèrent inventer un vrai langage « secret » spécialement concocté pour eux.

Exemple

Voici comment les parents de Thomas lui ont appris la méthode « Stop, réflexion, action » (voir plus loin). Pour « Stop » ils lui ont appris à fermer le poing comme pour freiner à vélo. Comme ça se passait bien, ils lui ont ensuite appris à fermer le poing et à penser « Stop » chaque fois qu'eux-mêmes fermaient le poing. Ça fonctionnait non seulement à la maison, mais aussi en visite sans attirer l'attention des autres personnes. Plus tard, Thomas a appris à fermer le poing tout seul et à penser « Stop » sans la présence de ses parents.

Enfin, il est utile en matière de prévention de *dresser une liste de directives*. Comme nous l'avons décrit plus haut, il est difficile pour un enfant hyperactif de suivre des instructions simultanées ou complexes. Donc, ne lui dites pas « Lève-toi, ouvre ton lit, enlève ton pyjama, va faire pipi, et puis lave-toi, habille-toi et descends », car il y a beaucoup de chance que votre enfant aille faire pipi et puis s'arrête à la salle de bain, pour jouer avec le dentifrice. Il est préférable de faire une belle liste et de la placer, bien en vue, dans la salle de bain. Vous convenez avec lui d'une récompense s'il fait convenablement tout ce qu'il y a sur la liste (ou, au début, d'une partie de la liste : pensez par paliers). Ceci aussi peut paraître exagéré mais, soyez-en sûr, vous arriverez ainsi à simplifier et à rendre agréables un grand nombre de comportements routiniers.

4. S'arrêter et réfléchir : un réflexe d'importance vitale

Chez beaucoup d'enfants hyperactifs, l'impulsivité est un des problèmes parmi les plus sérieux et les plus dangereux. Ces enfants agissent continuellement de façon *irréfléchie* et *incontrôlée*. Ils ne pensent vraiment pas plus loin que le bout de leur nez. Comment leur apprendre à réfléchir avant d'agir ? *Comment leur apprendre à se contrôler ?*

Sachez d'abord que c'est une tâche difficile. Il y a cependant des moyens qui, chez certains enfants, donnent de bons résultats.

Dans certains cas on peut aider ces enfants en leur apprenant à compter jusqu'à cinq avant de se mettre en action. Si votre enfant est plus grand, il vaut mieux délaisser cette formule et lui apprendre à se dire en lui-même : « Stop, réflexion, action » avant qu'il ne commence quelque chose. Il faut que ces trois mots deviennent un vrai réflexe !

Certains parents en font un refrain ou une chansonnette pour que ce soit plus facile à retenir. D'autres l'associent à un héros de bande dessinée ou de la télé. Voici la règle d'or de « Super-Stéphanie » :

- (Stop) .... « Stop Stéphanie ! »
- (Réflexion) ...... « Que vois-tu ? Qu'entends-tu ? Que penses-tu ? »
- (Action) .... « Vas-y, Stéphanie ! »

EXEMPLES

Ahmed se débrouillait déjà bien avec le système « Stop, réflexion, action », mais en classe, il réagissait encore trop impulsivement. Comme aide-mémoire pour l'école, il s'est fabriqué pour lui-même un petit « ordinateur » à l'aide d'une boîte d'allumette. Dans le fond de la boîte il a écrit : « Stop, réflexion, action ». En faisant glisser la partie coulissante, les mots apparaissaient dans une petite fenêtre découpée dans le couvercle de la boîte.

Théo a trouvé une autre solution : il s'est mis un élastique autour du poignet et a appris à tirer un petit coup sur l'élastique, puis à le lâcher en disant : « Stop, réflexion, action ». La petite douleur lui rappelle l'élastique et celui-ci à son tour lui rappelle sa formule.

Il faudra s'exercer longtemps. Quand vous demandez quelque chose à votre enfant, exigez qu'avant de commencer, il dise à haute voix : « Stop, réflexion, action » ou « Stop, écoute, réflexion, action ». Au début, entraînez-le en le disant avec lui. Plus tard, l'enfant peut se le dire à voix basse, mais veillez à ce qu'il le fasse vraiment. S'il le fait vraiment, vous verrez qu'il fera une petite pause avant d'agir. N'oubliez surtout pas de l'encourager abondamment chaque fois que vous remarquerez qu'il le fait bien !

Vous pouvez aussi lui apprendre à se parler à lui-même à voix haute quand il fait quelque chose. Exercez-vous d'abord vous-même. Par exemple : « J'arrive au coin de la rue, je descends de mon vélo, je prends mon vélo par la main, je regarde à gauche, à droite, je ne vois rien, je traverse… ». Ensuite demandez à votre enfant s'il veut faire la même chose, à voix haute. Lorsque vous apprenez quelque chose à votre enfant, faites-le selon les règles du deuxième chapitre, mais ajoutez-y un élément : « Dis à haute voix ce que tu fais » et plus tard : « Dis à voix basse ce que tu fais ».

C'est une très bonne habitude pour les parents d'enfants hyperactifs de penser autant que possible à voix haute lorsqu'ils enseignent quelque chose à leur enfant. De cette façon, leur enfant apprendra également à penser à voix haute. Cela vaut vraiment la peine de consacrer beaucoup de temps, d'attention et d'efforts à l'apprentissage de cette habitude. Si votre enfant est très impulsif, le « Stop-réfléchis-action » doit devenir un vrai réflexe.

Ne vous tracassez pas si ces exercices ont un air un peu « militaire », même si vous essayez de les égayer par un refrain, des rimes ou des récompenses. L'impulsivité d'un enfant provoque trop souvent des situations dangereuses. Le réflexe appris peut donc réellement lui sauver la vie ! Vous-même serez plus tranquille si vous savez que votre enfant a le réflexe d'attendre quelques secondes et de réfléchir avant de se lancer dans une action.

5. L'intégration des frères et sœurs

Votre enfant hyperactif accapare tellement votre attention que vous courez le risque de passer trop peu de temps avec vos autres enfants. Vous pouvez en partie résoudre ce problème en accordant à chaque autre enfant dix minutes d'attention exclusive comme expliqué au paragraphe 9. Vous pouvez aussi les faire participer et profiter des programmes d'apprentissage que vous organisez pour votre enfant hyperactif. Après avoir expliqué à celui-ci ce que vous attendez de lui, expliquez-le aussi aux autres enfants et récompensez-les autant que lui.

Exemple

Voici comment les parents de Gregory ont procédé. Ils ont dit à leurs enfants : « Vous savez comme il est difficile pour Gregory de rester assis tranquillement au moment des repas. Nous allons, pour l'aider, lui permettre de sortir deux fois de table au cours du repas : une fois après la soupe et une fois après avoir changé les assiettes. Si entre-temps il reste assis tranquillement, il recevra, et vous aussi, un bon pour... »

Par cette petite stratégie, non seulement les frères et soeurs reçoivent l'attention des parents et peuvent gagner quelque chose, mais en plus, ils feront leur possible pour que le projet réussisse au lieu de le saboter.

Nous remarquons d'ailleurs que des enfants « sages » s'amusent parfois à provoquer l'agitation de l'enfant hyperactif, sans que les parents ne s'en aperçoivent. Et c'est l'enfant hyperactif qui est grondé. Beaucoup de frères et sœurs d'enfants hyperactifs sont passés maîtres dans ce petit jeu. S'ils ont avantage à ce que l'enfant hyperactif se comporte bien, il y a beaucoup de chance pour qu'ils arrêtent leur travail de sape et commencent à collaborer. Lorsque le comportement de l'enfant hyperactif s'améliore, les parents voient soudain beaucoup mieux le problème de comportement de l'enfant soi-disant « sage ».

Vous pouvez aller encore plus loin. Par exemple, enseigner aux enfants plus âgés les principes d'apprentissage-désapprentissage des comportements comme nous les avons décrits au chapitre 2. Vous pouvez leur enseigner que s'ils veulent que leur embêtant petit frère désapprenne quelque chose, il faut encourager le comportement désiré. Les parents sont chaque fois surpris de voir à quel point les enfants sont ingénieux dans ce domaine. Essayez !

Nous avons constaté, même dans les familles sans enfant hyperactif, que les problèmes surviennent bien plus facilement quand il n'y a pas assez de structure que quand il y en a trop. Une structure bien déterminée et des règles bien établies sont favorables à tous les enfants. Chaque enfant a besoin de clarté, chaque enfant a besoin que les parents aient la même ligne de conduite. Et pour un enfant hyperactif, c'est absolument indispensable.

Il faudra trouver un compromis entre les besoins de l'enfant hyperactif et ceux de ses frères et soeurs. Ce n'est pas simple. Ne craignez cependant pas d'établir des règlements et de passer des accords avec vos autres enfants tout comme avec votre enfant hyperactif.

Pour toutes ces raisons, lorsqu'une psychothérapie s'avère nécessaire pour un enfant hyperactif, il est vraiment important que tous les membres de la famille y participent. Donc si vous avez besoin d'un thérapeute pour votre enfant hyperactif, choisissez quelqu'un qui a l'habitude de travailler avec des enfants, ainsi qu'avec toute la famille, ce qu'on appelle un thérapeute familial. Dans certains centres, on partage ce travail entre deux thérapeutes, l'un pour l'enfant, l'autre pour la famille. C'est aussi une bonne solution.

6. Une petite oasis avec droit d'asile

Quelqu'un qui est poursuivi par des ennemis peut trouver refuge dans une église ou une ambassade, sachant que là, il sera laissé en paix. Un enfant hyperactif aussi doit pouvoir échapper de temps en temps à toutes les exigences auxquelles il est soumis.

Ces exigences que nous trouvons normales et nécessaires demandent un gros effort de la part de l'enfant hyperactif et il risque parfois de se sentir débordé. Avec un enfant intelligent et plus âgé, il peut être utile de se mettre d'accord sur le choix d'une pièce ou d'un endroit « sacré ». L'enfant qui s'y réfugie doit y être laissé en paix.

L'idéal à cet effet est un endroit sans stimulant perturbateur, sans objets fragiles, avec un minimum de matériel et seulement destiné à laisser l'enfant s'occuper en toute tranquillité. Pensez à y mettre un tableau et de la craie, des feuilles pour dessiner, quelques livres, un baladeur et des cassettes qu'il aime et qui le calment… Il est important que cette oasis soit pauvre en sources d'excitation, car l'objectif est que votre enfant puisse s'y apaiser.

Pour éviter toute confusion, utilisez de préférence une autre pièce que celle utilisée pour l'ATE (voir chapitre 3). Ce peut être la même pièce que celle que vous avez aménagée pour lui faire faire ses devoirs. Elle ne doit pas être spécialement grande, ce peut être éventuellement sa propre chambre, mais comme la chambre d'un enfant hyperactif est rarement pauvre en stimulations, bien rangée et apaisante, ce n'est pas l'idéal.

Beaucoup de parents qui ont essayé ce système ont découvert qu'un « refuge » spécifique était plus adéquat. Comme d'habitude, ils ont fait preuve de beaucoup d'imagination : une cabane dans le jardin, un coin du garage ou du grenier, isolé par des panneaux, une armoire à provisions aménagée, l'espace sous l'escalier, un endroit protégé au bout du corridor… Laissez votre enfant vous aider à trouver un endroit : il aura souvent une idée géniale.

Essayez de respecter complètement son refuge. *Laissez-y votre enfant en paix,* même s'il s'y réfugie en plein conflit. N'essayez pas de forcer sa porte, même en lui demandant la permission d'entrer. Profitez-en pour reprendre votre calme et ramener le problème à sa juste proportion.

Ne faites pas de ce refuge un endroit de punition ou de mise en isolement : votre enfant doit pouvoir y entrer et en sortir de son plein gré. Cette solution peut contribuer énormément à briser le cercle vicieux d'une situation qui aurait tendance à s'aggraver, quand les enfants et les parents s'énervent de plus en plus. Même si l'enfant s'y réfugie pour vous fuir, surtout dans une situation conflictuelle grave, laissez-lui son refuge, pour lui tout seul.

7. Suffisamment d'espace pour se défouler

Nous avons beaucoup parlé jusqu'à présent de différentes façons de donner à votre enfant hyperactif les structures dont il a besoin : comment rendre son environnement pauvre en stimulants perturbateurs et comment lui présenter en permanence des règles et des limites claires Cependant, votre enfant, encore plus qu'un autre, a besoin d'espace au propre comme au figuré.

Il est très difficile d'élever un enfant hyperactif dans un petit trois-pièces au sixième étage d'un immeuble. Ce n'est déjà pas indiqué pour un enfant ordinaire, mais pour un enfant hyperactif (et ses parents), c'est un désastre. *Un enfant hyperactif a grand besoin de pouvoir régulièrement se défouler à fond,* tout comme vous devez régulièrement sortir un jeune chiot pour éviter qu'il ne s'en prenne au mobilier. L'idéal est un jardin où il peut disposer d'un espace sans contrainte. Allez vous promener, donnez-lui un punching-ball (c'est mieux qu'un sac de sable), donnez-lui la chance de se livrer complètement au jeu ou au sport. Un bon professeur de judo peut faire des miracles. Vous aussi, défoulez-vous de temps en temps, par exemple, roulez avec lui sur le tapis ou inventez un jeu sauvage. Ne le gardez pas à l'intérieur même en cas de mauvais temps.

À l'intérieur, donnez-lui de quoi bricoler dans un endroit approprié même si le résultat ne ressemble à rien, un endroit où il puisse mettre du désordre et faire du bruit (un coin de la cave, un appentis…). Dans ce domaine, un mouvement de jeunesse peut faire beaucoup. Le mieux sera un mouvement « classique », c'est-à-dire bien structuré. Il sera bien sûr nécessaire de vous entretenir avec le « staff » (souvent fort jeune) et de garder contact avec celui-ci. Ce sera également nécessaire si vous affiliez votre enfant à un club sportif. Un bon professeur, de judo par exemple ou de football, peut offrir à votre enfant la combinaison idéale de discipline, coordination des mouvements et défoulement.

8. Collaboration intensive avec l'école

La collaboration avec l'école est d'une importance primordiale. Vous devez suivre l'évolution scolaire d'un enfant hyperactif de beaucoup plus près que celle d'un autre enfant ! Il est chaque fois surprenant de constater qu'un enfant hyperactif peut apprendre et évoluer de façon très satisfaisante avec un professeur et être complètement insupportable avec un autre : tout comme la bonne compréhension entre parents et enseignants, le style de prise en charge de l'enseignant est très important.

En général, les enfants hyperactifs fonctionnent mieux dans des écoles fort structurées, un peu plus strictes, avec des règlements bien établis.

Pour certains enfants, une école plus libre peut se révéler très adéquate, mais pour un enfant hyperactif, surtout un enfant TDAH, un environnement peu structuré est rarement conseillé.

Auparavant, nous allions en tant que thérapeutes à l'école de l'enfant hyperactif pour convenir avec le professeur des mesures à prendre. Mais petit à petit, il nous est apparu que les parents sont tout à fait capables d'accomplir cette tâche. Mieux encore, la relation parents-école se trouve améliorée à long terme si les parents prennent contact dès le début avec l'école. C'est pourquoi nous insistons sur ceci : *faites régulièrement le point avec l'école.*

Il y a trois sujets à aborder avec le professeur :
1. le fait que votre enfant est hyperactif et/ou TDAH ;
2. les procédés qui ont fait leurs preuves à la maison et avec les professeurs précédents ;
3. comment travailler ensemble.

Non seulement il est important que le professeur sache que votre enfant est hyperactif, mais vous devez aussi lui expliquer quels sont les problèmes spécifiques de votre enfant. Surtout s'il est aussi TDAH. Tous les professeurs ne savent pas ce que c'est. Le mieux serait de donner au professeur, au début de l'année scolaire, un exemplaire de ce livre et d'en discuter ensuite avec lui. Cela nécessite bien sûr du temps et de l'énergie, mais cet investissement rapporte beaucoup.

Vous pouvez aussi échanger des idées sur la meilleure façon de procéder avec votre enfant et raconter ce qui, à la maison, est le plus efficace.

Si la classe n'est pas trop grande, l'enseignant peut alors tenter de s'occuper de votre enfant d'une façon similaire.

Comme vous le savez, il est très important que les encouragements et les punitions suivent de près le comportement visé. C'est pourquoi il est important que, chaque jour, le professeur note dans le journal de classe, ne fût-ce que très sommairement, ce qui s'est passé à l'école. Si votre enfant rentre à la maison avec une bonne remarque, vous pouvez immédiatement le féliciter et le récompenser.

> EXEMPLE
> *Nous avons parlé de cette façon d'agir avec Félix (14 ans) à ses parents et professeurs. Félix préférait que son professeur n'écrive pas dans son journal de classe, parce que dans son école, les enfants faisaient des dessins dans les journaux de classe de leurs copains, y mettaient des autocollants, ou écrivaient de petits textes. Il préférait utiliser un petit carnet. Nous le nommions le « cahier aller-retour ». Comme Félix collectionnait les autocollants, ses parents ont proposé de récompenser les bonnes remarques en lui en offrant.*

Il est important que vous, parents, épauliez l'école et que professeurs et parents collaborent. Si des difficultés surgissent dans cette collaboration, le centre P.M.S. de l'école ou votre thérapeute peut intervenir. Certains centres P.M.S. sont d'excellents intermédiaires entre les parents et l'école. Ils peuvent aider, éventuellement avec le professeur de remédiation — dans l'enseignement ordinaire —, à prendre en charge les difficultés d'apprentissage.

Quand ça ne va pas du tout, nous, thérapeutes, organisons parfois une réunion avec les parents, le P.M.S. et le professeur. Si vous avez l'aide d'un thérapeute familial, lui aussi se verra souvent disposé à organiser une rencontre de ce genre. N'ayez pas peur de la lui demander.

Vous devez tenir compte du fait que pour le professeur d'une classe de vingt-cinq élèves, il est très difficile de donner à chaque enfant une attention particulière. Plus difficile que pour les parents de deux, trois ou quatre enfants. C'est pourquoi, pour certains enfants hyperactifs, des classes moins nombreuses et un enseignement plus individualisé seront nécessaires. C'est possible dans le cadre d'une école spéciale. Pas mal de parents sont à l'origine de l'aggravation des problèmes parce qu'ils refusent d'envoyer en enseignement spécialisé un enfant qui en a besoin. Parfois les écoles ordinaires elles-mêmes refusent trop longtemps d'y envoyer un élève. Elles font souvent l'impossible pour garder un enfant alors qu'une classe moins nombreuse et des professeurs spécialisés seraient plus appropriés.

On comprend que la plupart des parents aient du mal à accepter que leur enfant doive se rendre dans une école spécialisée, mais sachez que certains enfants, même des enfants hyperactifs intelligents, y réussiront mieux et arriveront plus loin que dans l'enseignement ordinaire.

Il est parfois difficile de trouver une école spécialisée adéquate parce qu'on y a rassemblé dans une même classe des enfants atteints de handicaps différents (par exemple, des enfants avec des troubles du caractère et du comportement), ce qui peut rendre l'atmosphère de la classe trop turbulente pour votre enfant. Il est bon de se renseigner à ce propos et d'en discuter avec l'école intéressée et le centre P.M.S., avec d'autres parents d'enfants hyperactifs ou des parents faisant partie d'une association de parents d'enfants hyperactifs.

9. Des manifestations d'amour inconditionnel

Il s'agira vraiment d'être des parents extraordinaires pour donner à votre enfant la structure, le contrôle et la discipline dont il a besoin, en même temps que la chaleur, l'amour et les marques d'affection.

Prenons par exemple ce petit jeu plein de tendresse que les jeunes enfants adorent : vous êtes accroupi, bras ouverts, et vous le laissez courir vers vous, vous le soulevez et tournez en rond avec lui. Mais avec un enfant hyperactif il y a un grand risque qu'il vous renverse dans son enthousiasme et que vous receviez un coup de coude mal placé. Résultat : vous ne recommencez plus ou alors tellement sur la défensive, que vous êtes complètement tendu, ce qui compromet dangereusement la sensation de chaleur et de tendresse ! Ceci n'est qu'un petit incident, cependant, il s'en passe des dizaines par jour entre un enfant hyperactif et son entourage. Le danger est grand qu'un enfant hyperactif vienne à manquer d'affection, de chaleur, de tendresse.

Ces manifestations d'affection sont importantes en elles-mêmes. Mais il est aussi important que votre enfant apprenne à apprécier cette bonne relation avec vous et qu'il fasse son possible pour essayer de la garder et de l'entretenir. Un enfant qui ne ressent pas d'amour dans une relation aura des difficultés à se mettre à la place de quelqu'un d'autre ou à s'identifier à quelqu'un. Un enfant qui est traité régulièrement avec amour et affection essaiera constamment de recevoir cette affection. Il essaiera donc de reconnaître ce que ses parents apprécient et c'est de cette manière qu'il cherchera à savoir ce qui est important pour les autres et à en tenir compte. L'enfant comprendra ainsi mieux le comportement des autres et sa compréhension du monde s'en trouvera facilitée.

L'enfant hyperactif a tant besoin de règles strictes et claires, qu'il ne reste souvent plus beaucoup de place pour les moments de tendresse. Ajoutons à cela qu'un enfant hyperactif, même avec la meilleure volonté du monde, fera malgré tout des erreurs, cassera ou abîmera quelque chose et que les moments de tendresse finiront souvent mal à cause de son comportement débridé.

Heureusement votre enfant aura déjà reçu une bonne dose d'attention positive et d'estime lorsque vous serez passés des punitions et des remarques négatives aux encouragements et aux félicitations (voir chapitre 2). Il est cependant très important qu'il y ait chaque jour des moments de calme et d'affection consciemment réservés. Avec un enfant hyperactif, si vous laissez le hasard décider, il est bien possible que ces moments n'arrivent jamais ou trop peu souvent. Ce n'est pas de « l'amour sur commande », mais une façon d'être ensemble, de se retrouver chaque jour, calmes (si ça réussit) et tendrement détendus.

Nous avons souvent conseillé à des parents d'enfants hyperactifs de passer chaque jour dix minutes seul avec leur enfant, un jour maman, un jour papa. Dix minutes sans reproche ni réprimande et sans personne d'autre dans les environs. Dix minutes pour votre enfant et vous en tête-à-tête. Dix minutes pour un conte ou une histoire, pour raconter comment c'était quand vous étiez petit, pour un jeu, pour cajoler et dorloter. Dix minutes, même si ce fut une *journée pourrie*. Ces dix minutes sont vraiment un remède extraordinaire pour un enfant hyperactif : *faites-le !*

Au début, cela demande un effort particulier d'organisation. Plus tard, cela ira de soi et ce moment de tendresse deviendra une bonne habitude évidente.

10. Exigez un minimum de respect

Le respect, c'est un bien que vous recevez, que vous méritez pour ce que vous êtes et en vertu des valeurs que vous représentez. Il faut que vous puissiez forcer le respect. Si vous tolérez que votre enfant vous traite sans respect, il vous en témoignera de moins en moins. Si vous tolérez que votre enfant vous traite « d'imbécile, con, putain... », si vous tolérez que votre enfant vous frappe, vous humilie…, si vous tolérez que votre enfant vous pince les seins…, si vous tolérez que votre enfant vous rende ridicule en public, ce comportement se développera encore et votre autorité de parent s'en trouvera sapée.

Sans respect, sans autorité, vous n'obtiendrez aucun succès, même en suivant les directives de ce livre. Sans respect, sans autorité, vous ne mènerez pas à bien l'éducation de votre enfant.

Parfois, nous sommes vraiment choqués de voir comment certains parents se laissent traiter par leur enfant, que ce soit par laxisme ou avec les meilleures intentions du monde. Nous avons souvent « secoué » des parents en leur disant : « Celui qui se laisse traiter de lavette sera traité comme une lavette ». Un minimum de respect de la part des enfants est essentiel dans toute éducation et certainement aussi dans le cas d'un enfant hyperactif.

Cela ne veut pas dire qu'un enfant ne peut pas lâcher un gros mot lorsqu'il est frustré ou fâché, mais bien que toutes les injures ne peuvent pas être tolérées. Avoir de la compréhension pour sa colère ne veut pas dire accepter n'importe quelle manifestation de celle-ci. Une bonne réaction de la part d'un parent serait : « Je comprends que tu sois fâché, mais je ne veux plus entendre ce mot-là » ou : « Je ne puis tolérer ce geste ».

Trop de parents d'enfants hyperactifs acceptent un grand manque de respect au nom de la compréhension pour les problèmes de leur enfant. Ce minimum de respect se perd si les parents ne l'exigent pas pour eux-mêmes. Mais parfois, en plus, les parents se sabotent mutuellement. Les parents ne seront pas respectés par leur enfant, si, entre eux, ils ne se respectent pas. Et ce sera certainement le cas s'ils prennent un certain plaisir à voir leur enfant traiter leur conjoint sans respect.

EXEMPLE

– *Le thérapeute : « Comment réagiriez-vous si, dans le train, vous entendiez un homme traiter votre femme de conne ? »*

– *Le père : « Je lui ferais ravaler ses mots »*

– *Le thérapeute : « Et quand votre fils de douze ans traite ainsi votre femme, vous ne réagissez pas ! »*

Quand le respect a disparu, il faut parfois des mesures draconiennes pour le retrouver. Le premier pas capital à faire, c'est d'être résolu à exiger ce respect. Vous devez d'abord dire sans aucune ambiguïté les mots et les comportements que vous n'acceptez en aucun cas. Ensuite voyez comment encourager votre enfant quand il réagira avec respect. Et finalement décidez des mesures à prendre quand votre enfant vous traite de nouveau avec un manque total de respect.

Il existe un moyen, qui combiné à l'ATE (voir chapitre 3) est des plus efficaces : *la grève des soins journaliers*. Vous expliquez à votre enfant que vous, sa mère, refusez de prendre soin de lui, tant qu'il ne vous montrera pas le minimum de respect que vous attendez de lui (vous expliquez très exactement ce que vous n'acceptez plus à aucun prix), jusqu'à ce qu'il ait appris à vous respecter en tant que mère. Des excuses verbales sont souhaitables, mais ce n'est pas suffisant : il doit vraiment, pendant un certain temps, se comporter autrement à votre égard.

En attendant, vous cessez de faire pour lui les mille tâches journalières qu'une mère remplit normalement pour son enfant. Vous cessez de lui faire ses repas, de laver ses vêtements, de ranger ses affaires, de faire ses courses. L'autre parent doit encourager cette grève. Par exemple : « Si tu continues à traiter ma femme (dans ce cas, c'est mieux que « ta mère ») de cette façon, ne compte pas sur moi pour... jusqu'à ce que je voie que tu la traites comme on doit traiter sa mère. »

11. N'attendez pas de résultats immédiats

De temps en temps, il arrive que des enfants réagissent presque instantanément à la façon de procéder décrite dans ce livre. Mais dans la plupart des cas, vous devrez passer par une période de transition difficile avant d'obtenir des résultats encourageants.

Quand les parents changent leur façon de faire, on voit souvent l'enfant réagir contre ce changement qu'il essaie de faire échouer. Pour vous, c'est une situation difficile, mais il s'agit d'une réaction normale et saine de la part de votre enfant. Avant qu'un enfant n'accepte un nouveau comportement, il veut l'éprouver par lui-même pour voir si ce comportement lui procurera la sécurité qu'il recherche. Vous devez vous rendre compte qu'il s'agit pour votre enfant d'une nouvelle situation, qu'il s'avance sur une patinoire : il est normal qu'il vérifie, en frappant fort, si la glace tient le coup, avant de se mettre à patiner.

En persistant dans votre comportement vous donnez à votre enfant ce sentiment précis de sécurité et de soutien qu'il cherche et auquel il pourra ensuite faire confiance. Vous verrez que ce sera difficile, et même parfois très difficile de suivre ces conseils. Vous découvrirez aussi comme il est difficile pour l'éducateur de changer son propre comportement. *Si déjà pour vous c'est difficile, imaginez la difficulté que cela représente pour un enfant hyperactif de changer de comportement.* Ayez de la patience envers lui et envers vous-même.

Résumé

- Un enfant hyperactif doit recevoir des ordres et des règles très simples, accompagnés de réactions claires, encourageantes et positives. Dans le cas où il ne fait pas ce que vous dites, vous devez mettre au point des conséquences négatives.

- Nous pouvons aider un enfant hyperactif à se concentrer sur l'essentiel en enlevant de son environnement tout ce qui pourrait distraire ou détourner son attention. En d'autres mots, dans un endroit sans excitation, un enfant hyperactif sera plus calme. Ceci est surtout important quand il effectue à la maison ses devoirs scolaires.

- Plus qu'avec d'autres enfants, vous devrez apprendre à anticiper vous-mêmes les situations à problèmes. Soyez conscients qu'une situation habituelle pour vous peut lui sembler nouvelle et inhabituelle surtout s'il est atteint de TDAH. Vous devez donc préparer davantage votre enfant à toutes sortes de situations et intervenir dès que quelque chose dérape.

- Souvent les parents ne se rendent pas compte que le frère ou la sœur jette, à leur insu, de l'huile sur le feu.

- Soyez conscients qu'un environnement sans excitations et des structures très définies peuvent parfois être inadéquats pour les frères et sœurs.

- Procurez si possible à votre enfant un refuge où il a « droit d'asile » et laissez-lui d'autre part assez d'espace pour se défouler.

- Une règle d'or : collaboration étroite avec l'école ! Souvent, c'est une agréable surprise de voir qu'un enfant hyperactif se met soudain à faire des étincelles avec un professeur, alors qu'avec un autre, il était intenable.

- Tout aussi important : la relation parents-professeur ! N'attendez pas trop longtemps avant de demander l'aide de l'enseignement spécialisé si ça ne va pas dans l'enseignement ordinaire.

- Réservez chaque jour à votre enfant un moment d'amour et de tendresse et ne laissez pas les choses à elles-mêmes dans ce domaine. Le mieux est d'introduire ces moments particuliers dans la routine journalière.

- Exigez un minimum de respect. Sans une autorité suffisante et acceptée, il n'est pas possible d'élever un enfant hyperactif.

- Enfin : n'attendez pas de résultats immédiats. S'il est difficile de changer votre propre comportement de parent, pensez combien il est encore plus difficile pour votre enfant d'en changer.

Chapitre 5 — *Les enfants hyperactifs ont besoin de parents d'accord entre eux*

1. Il est très difficile d'élever seul un enfant hyperactif

Pour résoudre les problèmes posés par un enfant hyperactif, les parents doivent bien collaborer.

Dans le premier chapitre, nous avons expliqué qu'un grand nombre d'enfants deviennent hyperactifs à cause d'une éducation inappropriée ou de toutes sortes de stress psycho-sociaux. Chez ces enfants « normalement » hyperactifs, la collaboration entre les parents doit être parfaite aussi longtemps qu'ils s'occupent de redresser la situation,. Après quoi, elle peut redevenir un peu plus relâchée et détendue…

Par contre, les parents d'un enfant atteint de TDAH doivent former en permanence une équipe très soudée : c'est une entreprise lourde et sans relâche que d'amener cet enfant sur la bonne voie et de l'y maintenir. Voilà pourquoi nous trouvons tellement grave et injuste d'entendre dire que les parents sont à l'origine des problèmes de ces enfants. Chacun comprendra, à la lecture du sixième chapitre, que l'éducation d'un enfant atteint de TDAH est une douloureuse expérience, au point que la famille risque parfois de s'en trouver fissurée mais toutes les fissures peuvent se réparer, dès que les parents appliquent les conseils adaptés à la prise en charge de leur enfant. Il peut arriver cependant que la famille entière soit plongée dans de tels problèmes qu'une approche correcte de l'enfant seul ne suffit plus. Les thérapeutes doivent alors être attentifs à la manière dont l'ensemble familial fonctionne. C'est le travail mené en *thérapie familiale.*

N'hésitez pas à faire appel à un thérapeute familial si vous avez l'impression que les relations familiales ou conjugales sont influencées négativement par les problèmes de votre enfant.

Élever un enfant hyperactif est une tâche doublement pesante pour un parent seul. Ces parents doivent *d'abord veiller à trouver un soutien social suffisant parmi les adultes de leur entourage* : voisins, membres de la famille, amis et connaissances, sur qui ils peuvent compter, chez qui ils trouveront toujours un peu de soutien et de compréhension, à qui ils peuvent de temps en temps parler de leur désillusion, de leur misère et des autres sentiments négatifs vis-à-vis de leur enfant, et enfin chez qui ils peuvent parfois déposer leur sauvageon.

Lorsque nous sommes confrontés à des familles qui ont un enfant hyperactif, nous mettons entre autres l'accent sur le fait que les parents doivent travailler dans un même esprit. *Ensemble*, ils arrivent habituellement à remettre leur enfant sur la bonne voie.

Dans une famille où il y a un enfant hyperactif, le père devra souvent prendre en charge une partie des tâches ménagères et éducatives. Cela cause parfois des problèmes, vu les traditions éducatives de notre culture. Le père s'y résout difficilement et la mère s'accroche à ses responsabilités. Ce peut être difficile, surtout au début.

Il arrive que, pour des raisons pratiques (en cas d'invalidité ou de séjour à l'étranger d'un des parents), il ne soit vraiment pas possible pour les parents d'élever les enfants réellement ensemble. Dans ce cas, la majorité de la tâche éducative repose le plus souvent sur les épaules de la mère. En soi ce n'est pas une tâche impossible, pour autant que plusieurs conditions soient remplies :

1. que les parents soient bien d'accord sur une telle répartition des tâches ;
2. qu'ils établissent des conventions claires à ce sujet ;

3. que l'accomplissement par un des parents de la tâche éducative soit respecté et soutenu par l'autre ;
4. et surtout : que les deux parents adoptent les mêmes principes quant à la manière d'élever les enfants.

Si les parents conviennent réciproquement que l'éducation d'un enfant hyperactif reposera en grande partie sur les épaules de la mère, il reste trois choses au moins dont la responsabilité revient au père :
1. le père doit soutenir la mère en la valorisant comme épouse et comme éducatrice et en montrant clairement aux enfants qu'il est d'accord avec elle et qu'il soutient entièrement ses décisions ;
2. le père doit être prêt à intervenir de temps à autre, quand la mère l'appelle à l'aide ;
3. le père doit assumer de temps en temps la tâche éducative, de manière que la mère puisse souffler et disposer d'un peu de temps pour elle-même.

Par son soutien, le père peut participer à la réussite de l'éducation d'un enfant hyperactif. S'il n'est pas prêt à jouer ce rôle, son épouse risque bien de se sentir frustrée. Si, en plus, elle ne peut pas exprimer ce malaise, il est possible qu'elle devienne surmenée ou dépressive, ce qui aggravera encore les problèmes de comportement de l'enfant. A cela s'ajoute le risque que l'enfant reçoive les coups en fait destinées au père.

Autre chose encore : *ne vous sentez pas coupable si votre enfant vous pèse parfois. Encore moins s'il vous arrive de pense : « Ce fichu gosse, comme je voudrais qu'il ne soit pas né ! ».* C'est une réaction normale. Vous aurez de temps à autre des démêlés avec vos sentiments vis-à-vis de votre enfant. La question se posera régulièrement :« Pourquoi est-ce justement à moi que cela doit arriver ? ». Un enfant gravement hyperactif n'est certainement pas celui que vous aviez souhaité ou prévu. Un sentiment occasionnel de déception est bien normal. Ne luttez pas contre ce sentiment ! Les sentiments ne sont ni bons ni mauvais en soi. L'important, c'est ce que vous en faites. Ne permettez pas à ces sentiments négatifs et contradictoires de vous paralyser ou de vous écraser. Ne vous sentez surtout jamais coupable de les éprouver.

2. Quand père et mère ne sont pas d'accord, ça tourne mal

Si le père et la mère ne sont pas d'accord à propos de l'approche éducative de leur enfant hyperactif, ils ne réussiront pas à l'élever correc-

tement. Il est peu probable qu'ils parviennent à apprendre à leur enfant les comportements souhaités et à lui désapprendre les comportements non souhaités. Nous ne voulons pas insinuer que les parents doivent former continuellement un ensemble touchant. C'est impossible et ce n'est sans doute pas souhaitable. Mais pour qu'un comportement soit appris ou désappris à un enfant hyperactif, l'accord et la solidarité sont des conditions indispensables.

Quand des parents appliquent différentes règles d'éducation et adoptent des attitudes divergentes, la situation est comparable à un trafic où deux codes de la route seraient en vigueur. Imaginez que vous circulez en rue en voiture ou à vélo, et que l'un des codes dit aux usagers : « Priorité à gauche », et l'autre : « Priorité à droite » ou encore : « On s'arrête au feu rouge » et l'autre : « On passe au rouge ». Cela vous rendrait inquiet : les deux codes de la route pris séparément sont en principe aussi bons l'un que l'autre, mais leur application simultanée fait naître une situation très embarrassante et angoissante.

L'éducation devient très problématique quand la relation entre les parents (ou les éducateurs) n'est pas des meilleures, voire franchement mauvaise. Cela devient catastrophique quand ils sapent leur approche réciproque et quand, par exemple, l'un des deux fait alliance avec l'enfant contre l'autre. Cela se produit malheureusement plus souvent qu'on ne le pense. En général les parents n'en ont même pas conscience. Quoi qu'il en soit, c'est toujours un désastre pour l'enfant. *Les problèmes graves posés par les enfants ne peuvent être résolus si les parents ne sont pas d'accord sur la manière de les aborder.* C'est logique, car il faut être particulièrement clair sur ce qu'on attend d'un enfant hyperactif. Des approches différentes ont pour conséquences :

- que l'enfant ne sait pas avec précision ce qu'il peut ou ne peut pas faire ;
- que le comportement non souhaité est tantôt encouragé par un des parents tantôt réprimandé par l'autre. Ce qui contribue idéalement à maintenir en place le comportement non souhaité et même à le renforcer.

Dans un tel cas, la situation familiale ne cesse de dégénérer si les parents ne se mettent pas d'accord au sujet de l'approche de leur enfant hyperactif ; ce qui amplifie le comportement non souhaité chez l'enfant ; la discordance entre les parents s'accroît ; le comportement non souhaité augmente ; la relation du couple est menacée ; la divergence de vue entre les parents s'accentue…

> ↑ Désaccord croissant entre les parents ↓
> ↑ Enfant de plus en plus hyperactif ↓

Figure 11

S'il n'y a pas d'accord à propos de l'éducation de l'enfant, un « triangle infernal » s'installe peu à peu. Examinons de plus près la situation : il y a conflit entre le père et la mère. L'enfant se trouve dans une situation difficile : il doit choisir entre son père qui dit « noir » et sa mère qui dit « blanc ». S'il choisit « blanc », il s'oppose à son père ; s'il choisit « noir », il entre en conflit avec sa mère. En d'autres termes, l'enfant se trouve devant un dilemme insoluble.

> Le père : « Tu peux » ← → La mère « Tu ne peux pas »
> ↑ L'enfant ?????? ↑

Figure 12

De plus, il arrive que l'enfant joue un rôle actif dans le drame familial. Il peut profiter du fait que ses parents n'arrivent plus à s'entendre. Si l'accord et la coopération font défaut — que ce soit entre les parents ou entre l'un ou l'autre éducateur, par exemple l'école et la famille —, l'enfant sera tenté de « diviser pour régner ». Soutenu par un des parents, il devient le maître de l'autre. Il obtient ce qu'il veut dans des situations qui lui sont en fait très nuisibles.

Une coalition peut ainsi naître entre l'un des parents et l'enfant. L'autre parent se sent alors sérieusement impuissant. Parfois l'enfant à problème devient une sorte de paratonnerre : quand la tension entre les parents monte trop, il risque de faire une bêtise et l'agressivité ambiante se déversera sur lui.

Quand les choses tournent aussi mal, il est *excessivement important* de bien considérer que *personne n'est la cause exclusive de l'échec :* étant donné que toutes les relations dans une famille s'influencent l'une l'autre, il ne saurait y avoir un seul coupable ; *c'est la famille dans son ensemble qui ne fonctionne pas bien.* Cette remarque vaut d'ailleurs pour n'importe quelle famille et rend irrecevables les reproches tels que : « Oui, mais c'est parce que tu t'occupes de tout » ou bien : « C'est parce que toi tu ne fais rien ». Le père estime que le problème vient de la mère, la mère voit dans le père le seul coupable. Si vous ne savez plus que faire, demandez l'aide d'un thérapeute familial.

3. Comment la collaboration entre les parents échoue parfois

Quand la collaboration entre les parents échoue, cela se passe généralement de deux manières :

1. Un des partenaires — souvent le père — ne peut plus supporter le problème et « s'en va ». Ce qui ne signifie pas obligatoirement qu'il quitte la maison, mais bien qu'il ne s'investit plus dans la vie familiale ; il ne s'en préoccupe plus. La mère comprend cette réaction, mais elle est en proie à des sentiments contradictoires. Elle aime son mari, et en même temps elle se sent abandonnée. Elle n'ose pas exprimer cela ouvertement, de peur d'augmenter les disputes. Pourtant, qu'elle le veuille ou non, le malaise se laisse percevoir. Et l'enfant aussi le sent. Cela augmente chez lui le risque de maintenir un comportement à problème.

   Cet éloignement peut aussi surgir après une période de grave conflit entre les parents. Les parents ne réussissent pas à résoudre leur conflit et l'un des deux réagit avec une explication telle que : « Fais ce qu'il te plaira ».

   Comprenez bien ceci : cette situation est tout à fait différente de celle où les parents, dans une grande compréhension mutuelle, décident que ce sera surtout la mère qui s'occupera de l'éducation. Mais ne vous y trompez pas : dans certaines familles, on n'ose pas regarder le conflit en face et, au nom de la paix sacrée, on arrive à cette répartition du travail sans que les deux parents en soient vraiment satisfaits, les conditions énumérées au paragraphe précédent n'ayant pas été respectées.

2. Dans d'autres familles, la relation entre les parents tourne vraiment mal. Ils sont continuellement en désaccord et se disputent sans arrêt. Si la mère est très attachée à son enfant, une mauvaise relation entre le père et l'enfant à problème risque de s'installer. Et les parents vont s'accuser l'un l'autre d'être la cause de tout le problème.

   Dans une famille où il y a un enfant à problème, une polarisation surgit souvent entre les parents. Cela veut dire que les opinions des parents ont tendance à diverger toujours plus.

   Par exemple, si le père se montre indulgent, la mère pense qu'elle doit être sévère. Plus la mère réagit sévèrement, plus le père veut compenser en étant encore plus indulgent... La discordance croissante a pour conséquence de rendre l'enfant toujours plus intraitable, face à quoi la mère se montrera toujours plus sévère et le père plus indulgent... Un cercle vicieux se forme, et les parents s'éloignent l'un de l'autre. Les positions se durcissent : le père devient de plus en plus indulgent, la mère de plus en plus sévère, et l'enfant toujours plus intraitable.

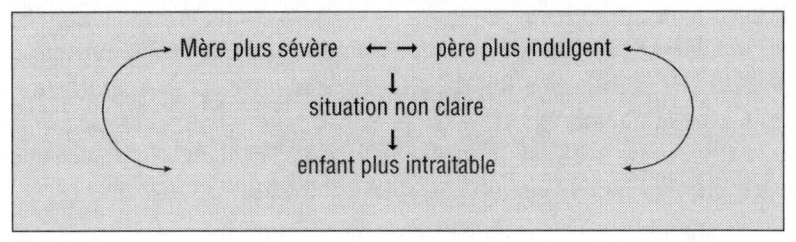

```
      ┌─→ Mère plus sévère  ←→  père plus indulgent ←┐
      │              ↓                                │
      │         situation non claire                  │
      │              ↓                                │
      └──────── enfant plus intraitable ──────────────┘
```

Figure 13

Il est extrêmement important de bien comprendre que personne n'est la cause unique d'une telle dégradation des relations familiales. Retenez bien que chaque relation influence les autres et est influencée par elles. *Personne n'est la cause de ce dysfonctionnement, mais chacun en est co-responsable.*

Pour y changer quelque chose, il existe plusieurs possibilités : pour que la mère intervienne un peu moins sévèrement, il faut un rapprochement entre elle et son mari ; pour cela, le père devra devenir plus sévère. Réciproquement, si la mère est moins sévère, le père pourra plus facilement s'accorder avec elle et devenir un peu plus sévère.

4. Outre les parents, tous les adultes importants pour l'enfant doivent bien coopérer

Dans certaines familles, les grands-parents, des membres de la famille, des voisins et parfois même des frères et sœurs plus âgés jouent un rôle important dans l'éducation de l'enfant à problème. Dans son intérêt, il est capital que tous ces adultes collaborent autant que possible. C'est en suivant les mêmes méthodes, en posant les mêmes exigences, en donnant les mêmes encouragements et punitions, qu'ils aideront l'enfant. Plus l'approche est concordante, mieux cela vaudra ! N'hésitez pas à rencontrer tous ces gens. Si nécessaire, donnez-leur ce livre.

EXEMPLE

Les parents de Joël (15 ans) ont appelé à l'aide, parce qu'il devenait de plus en plus désobéissant et qu'il venait de voler pour la troisième fois. La dernière fois, il s'était glissé de nuit dans la chambre de ses parents et avait pris le portefeuille de son père. Quand la famille s'est trouvée dans notre cabinet de consultation, nous

> ne parvenions pas à comprendre comment ces parents concernés, compétents, pleins d'amour, résolus et unanimes, ne réussissaient pas à maintenir le comportement de leur fils dans des limites correctes. Au cours de cette première conversation, nous avons appris que la grand-mère habitait à la maison.

Toute la famille, avec la grand-mère, fut invitée au second entretien. Pour mieux comprendre ce qui s'était passé, nous avons demandé à Joël de représenter par un jeu de rôle comment il avait pris le portefeuille de son père. Il entra tout à fait dans le jeu et montra comment il s'était introduit dans la chambre, s'était dirigé sur la pointe des pieds vers le presse-pantalon, avait subtilisé le portefeuille dans la poche du pantalon de son père, était sorti de la chambre, s'y était introduit de nouveau...

Joël riait nerveusement, tandis qu'il était occupé à son jeu de rôle. Ses parents observaient, très graves et soucieux. Et sa grand-mère, resplendissante et fière, regardait son petit-fils et semblait dire : « Regardez-moi ce petit homme ! ». On fit sortir tous les enfants et, avec les adultes, nous avons discuté du rôle de la grand-mère dans la famille. En notre présence, les parents ont pu raconter qu'ils ne se sentaient absolument pas soutenus par la grand-mère ; au contraire, ils avaient le sentiment qu'elle leur coupait l'herbe sous les pieds. La grand-mère soutenait Joël contre eux, parce qu'il ressemblait à son mari décédé.

Après quoi, nous mîmes sur pied une meilleure concertation entre les parents de Joël et la grand-mère, en insistant sur le fait que le problème ne serait résolu que quand tous les adultes collaboreraient. Quand la grand-mère se mit sur la même longueur d'ondes que les parents, le problème de comportement de Joël disparut.

Surtout si d'autres adultes habitent sous le même toit ou s'occupent de votre enfant pendant que vous travaillez, veillez à ce qu'ils coopèrent. Si de graves difficultés devaient surgir sur ce point, par exemple avec des grands-parents, ce peut être une raison suffisante pour demander l'avis d'un thérapeute familial. Vous pourrez chercher avec lui la meilleure manière de faire travailler ensemble toutes ces personnes. Si nécessaire, n'hésitez pas à les emmener à votre rendez-vous avec le thérapeute.

5. Prenez bien soin de vous et de votre relation avec votre conjoint

L'éducation d'un enfant hyperactif et surtout d'un enfant TDAH représente tout un travail. Vous risquez même de vous en occuper *trop* ! Votre enfant hyperactif a besoin de votre aide, mais il ne peut exiger toute votre attention. Vous devez régulièrement garder du temps libre pour vous-même, pour faire quelque chose d'agréable seul, en couple ou avec le reste de la famille. *Il est important pour votre enfant que vous preniez bien soin de vous.* Donc, veillez à respecter autant que possible le temps réservé à vos loisirs, vos amis, votre famille.

Trop de familles avec un enfant hyperactif se retrouvent isolées. Gardez le contact avec la famille élargie, les amis et connaissances. N'ayez pas peur de leur raconter que votre enfant est un enfant différent. N'en faites pas un secret ! Il est important que suffisamment de gens connaissent le problème, des gens avec qui vous pouvez parler, à qui vous pouvez faire appel si vous avez besoin d'aide — pour vous-même ou pour veiller sur votre enfant, de manière à pouvoir sortir de temps à autre —, des gens chez qui vous pouvez simplement aller pleurer un peu. Si vous essayez de cacher à tout le monde le problème de votre enfant, si à cause de lui, vous n'osez plus aller en visite nulle part, vous ne trouverez à la longue plus personne pour s'en occuper quand vous-même devrez vous absenter.

Prenez surtout soin de la relation avec votre conjoint. Le désaccord et la dispute surgissent facilement autour de l'éducation d'un enfant hyperactif. Ce conflit n'est pas grave en soi si vous arrivez à une solution et à des accords précis. Il est important que les parents d'un enfant hyperactif puissent sortir ensemble régulièrement sans les enfants : engagez une babysitter compétente et allez au restaurant, au cinéma, voir des amis... Nous ne comprenons d'ailleurs pas pourquoi des parents d'enfants hyperactifs qui habitent le même quartier ne « babysittent » pas plus régulièrement les uns pour les autres. Organisez cela dans votre région lors d'une réunion de parents et vous aurez toujours une garde expérimentée.

6. Tenir bon est important mais rechuter est normal

Beaucoup de parents qui ont demandé notre aide avaient déjà plus ou moins découvert la bonne façon de s'y prendre avec leur enfant et développé pas mal d'idées excellentes et créatives, mais ils n'avaient pas persévéré assez longtemps. La constance des éducateurs est aussi nécessaire que toutes les idées contenues dans ce livre. N'espérez pas de miracle en quelques jours !

Même si vous réussissez à devenir l'équipe soudée de parents dont un enfant hyperactif a besoin, il y aura toujours des périodes où tout ira mal, où le comportement de votre enfant dépassera les bornes, où vous-même, aussi bien que votre enfant, retomberez dans l'ancien comportement et les vieux problèmes. Ne vous sentez surtout pas coupable, même si vous remarquez que cela dépend en partie de vous — si, par exemple, vous avez le sentiment d'avoir laissé aller les choses malgré les bonnes résolutions. C'est tout à fait normal, c'est même parfois intéressant.

C'est ainsi que les parents d'un enfant hyperactif découvrent parfois spontanément qu'ils peuvent lâcher du lest, que leur enfant est arrivé à mieux se structurer et qu'il ne doit plus être élevé de manière aussi stricte. Chez d'autres enfants hyperactifs, au contraire, vous remarquerez que vous ne pouvez vraiment pas assouplir les méthodes éducatives et que vous devez continuer à élever votre enfant de façon très structurée. C'est difficile, mais vous devez alors tenir bon.

Si un thérapeute vous a remis sur la bonne voie, ne soyez pas trop inquiet ou trop fier pour hésiter à le revoir si les choses tournent mal à nouveau. Certains parents pensent : « Cela allait si bien la dernière fois que nous sommes allés voir le thérapeute familial. Que pensera-t-il de nous s'il remarque que tout va de nouveau de travers ? » Ne laissez pas une telle pensée vous empêcher de demander à temps un avis professionnel. Les problèmes rencontrés avec un enfant hyperactif ont malheureusement tendance à former une spirale négative. Les parents sont chaque fois surpris de voir à quelle vitesse une boule de neige devient une avalanche chez un enfant hyperactif.

Les thérapeutes qui ont l'expérience d'enfants hyperactifs et d'enfants TDAH sont conscients d'au moins trois choses :
1. il est très difficile de tenir bon dans l'approche de ce genre d'enfant à problèmes ;
2. même avec la meilleure approche, de graves problèmes surgissent de temps à autre et la situation nous échappe ;
3. chaque nouvelle étape du développement de ces enfants amène de nouveaux problèmes. Si par exemple vous avez très bien réussi à piloter votre enfant dans ses difficultés à l'école primaire, vous pourriez vous trouver face à des problèmes imprévus à l'adolescence.

Si cela se passe mal, et que vous, parents, n'en sortez pas ensemble, n'attendez pas trop longtemps avant de demander conseil à un thérapeute qui a l'expérience du travail avec les parents et les familles d'enfants hyperactifs. Ou faites appel à un groupe de parents[3].

---

3. Ces groupes d'entraide se sont bien développés ces dernières années. Vous en trouverez une liste non exhaustive en fin de ce livre (N.D.T.).

Dans votre voisinage, il y a certainement des parents qui ont trouvé des solutions à ce genre de problèmes. Les parents d'enfants TDAH ont montré qu'ils s'entraidaient très bien. Il ne faut pas être gêné de frapper à leur porte : ils savent mieux que quiconque ce qu'est un enfant hyperactif et quels sentiments habitent ses parents. S'ils ne peuvent pas vous aider directement, ils vous diront où et avec qui ils ont eu de bonnes expériences d'aide et de thérapie.

Résumé

- Pour bien élever un enfant hyperactif, les deux parents doivent collaborer et se partager la tâche éducative. Un parent seul (bien souvent la mère) pourrait à la limite faire le travail. Mais dans ce cas, elle doit être réellement soutenue par le père. Si le père et la mère — et les autres adultes importants pour l'enfant — ne sont pas d'accord sur la manière de travailler, ils ne réussiront jamais à bien élever et à prendre en charge un enfant hyperactif.
- En cas de désaccord s'installe une relation triangulaire infernale qui aggrave le problème. Personne n'est seul la cause du dysfonctionnement familial. Les relations familiales s'influencent l'une l'autre, il n'y a pas un responsable unique, mais c'est la famille dans son ensemble qui ne fonctionne probablement pas bien.
- Un thérapeute familial peut aider à repérer les nœuds et les blocages, puis à remettre de l'ordre entre les personnes concernées.
- Enfin, prenez bien soin de vous-même et de votre relation conjugale. Veillez à ne pas vous retrouver socialement isolé. Ne vous sentez pas coupable si de temps à autre surgit un nouveau problème avec votre enfant, et si vous en avez plus qu'assez de ce « sale gosse ».

Chapitre 6 — *Les enfants atteints de TDAH*

1. TDAH, ADHD, MBD, ou syndrome hyperkinétique

Dans les chapitres précédents, nous avons régulièrement parlé d'enfants atteints de TDAH. Vous aurez déjà compris que ces enfants peuvent susciter des difficultés bien plus sérieuses que la plupart des enfants hyperactifs. Dans ce chapitre, nous étudierons plus en profondeur la problématique de ces enfants. Le syndrome TDAH est un phénomène assez fréquent. Pourtant, comme les critères de diagnostic varient d'un examinateur à l'autre, d'une recherche à l'autre, le pourcentage estimé d'enfants TDAH dans une population scolaire ordinaire varie également. On pense que 2 à 4 % des garçons présentent ce type de problème, tandis que les filles seraient beaucoup moins souvent atteintes. Même si votre enfant n'a pas de TDAH ou si vous n'en êtes pas sûr, il peut être intéressant de lire ce chapitre.

Dans ce livre, nous nous limitons aux problèmes en rapport direct avec l'hyperactivité et aux informations qui peuvent vous être utiles pour déceler si votre enfant est atteint de TDAH. Nous n'entrerons pas dans les détails à propos de la prise en charge de ce problème par les spécialistes. Cette seule question suffirait à faire l'objet d'un autre livre.

Comme vous l'aurez peut-être constaté, nous avons utilisé jusqu'à présent les termes suivants de façon équivalente :
- TDAH : « Trouble : déficit de l'attention avec hyperactivité » : ce terme met l'accent sur le noyau de la question : les troubles de l'attention et de la concentration. ADHD est l'équivalent anglo-saxon, il est également en usage dans certains textes francophones.
- Syndrome hyperkinétique : ce terme est un peu moins technique (moins fréquemment utilisé par les spécialistes), mais il est parlant pour l'entourage de l'enfant, car il évoque bien le symptôme le plus frappant et le plus ennuyeux qui touche ces enfants : une « super-hyper-activité »
- Par contre, le terme « MBD » (*Minimal Brain Damage or Dysfunction*), c'est-à-dire « lésion ou dysfonction cérébrale réduite et légère » est tombé en désuétude et très peu utilisé de nos jours. En effet, l'origine du TDAH peut provenir d'une lésion cérébrale, d'un dysfonctionnement cérébral, ou d'une allergie alimentaire. Dans la plupart des cas, on ne peut trouver le défaut précis, et cela reste de l'ordre de la supposition (voir chapitre 1).

2. Les caractéristiques du syndrome TDAH

Des psychiatres de tous les coins du monde se réunissent régulièrement pour établir une sorte de catalogue de tous les problèmes psychiatriques. Cette liste de syndromes avec leur description s'appelle DSM. (*Diagnostic and Statistic Manual of Mental Disorders*). Les critères de diagnostic du symptôme TDAH établis dans la quatrième édition du DSM sont les suivants :

A. Présence, soit de (1) soit de (2)

(1) Au moins six des symptômes suivants **d'inattention** doivent avoir persisté pendant au moins six mois, de façon significative, à un degré inadapté et ne correspondant pas au niveau de développement de l'enfant.

a) L'enfant ne parvient pas à apporter une attention soutenue aux détails ou fait des fautes d'attention dans ses tâches scolaires et autres.

b) L'enfant éprouve des difficultés à soutenir son attention dans les tâches qu'il effectue ou dans des jeux.

c) L'enfant semble ne pas écouter quand on s'adresse directement à lui.

d) L'enfant ne parvient pas à suivre les consignes données ; il termine difficilement un travail (scolaire ou autre) commencé, et ce sans volonté d'opposition ni par incapacité de comprendre les consignes.

e) L'enfant organise ses activités avec difficulté.

f) L'enfant évite ou déteste ou fait à contrecoeur les tâches qui exigent un effort mental soutenu (comme les devoirs à l'école ou à la maison) ou bien il est incapable de s'y tenir.

g) L'enfant perd souvent les objets dont il a besoin pour ses travaux ou ses activités (par exemple, jouets, devoirs, crayons, livres ou petit matériel).

h) L'enfant est facilement distrait par des stimuli externes.

i) L'enfant fait de fréquents oublis lors de ses activités quotidiennes.

(2) Au moins six des symptômes suivants **d'hyperactivité/impulsivité** doivent avoir persisté pendant au moins six mois à un degré inadapté et ne correspondant pas au niveau de développement de l'enfant.

Hyperactivité

a) L'enfant remue souvent bras et jambes, il se tortille sur son siège.

b) Il se lève souvent en classe ou dans d'autres situations où il est supposé rester assi.

c) Souvent il court ou grimpe partout, dans des circonstances inappropriées. Chez des adolescents ou des adultes, cela peut se limiter à un sentiment subjectif d'impatience motrice.

d) Il a souvent du mal à se tenir tranquille dans des jeux et des activités de loisir.

e) L'enfant est souvent « sur la brèche », comme s'il était « monté sur ressorts ».

f) L'enfant parle souvent trop.

Impulsivité

g) L'enfant lance souvent une réponse avant d'écouter la question entière.
h) L'enfant a souvent du mal d'attendre son tour.
i) L'enfant interrompt souvent les autres ou fait intrusion dans leurs activités (par exemple, il se mêle aux conversations ou aux jeux).

B. Certains symptômes d'hyperactivité et d'impulsivité doivent s'être installés avant l'âge de sept ans.

C. Présence d'un certain degré de gêne fonctionnelle liée aux symptômes au moins dans deux endroits de vie, par exemple, en classe (ou au travail) et à la maison.

D. Il doit y avoir des signes clairs de limitations significatives du fonctionnement social, scolaire ou professionnel.

E. Les symptômes ne surviennent pas exclusivement dans le cours d'un trouble envahissant du développement, d'une schizophrénie ou d'un autre trouble psychotique ni dans le cours d'un autre trouble mental, par exemple trouble de l'humeur, trouble anxieux ou trouble de la personnalité.

L'existence du critère B. « avant 7 ans » ne signifie pas que le diagnostic sera toujours posé dans la petite enfance. Il arrive que nous posions le premier diagnostic de TDAH chez des enfants de 12 à 14 ans, chez qui on n'avait pas pensé au TDAH auparavant, parce qu'ils avaient relativement bien « fonctionné » jusqu'à cet âge. Ce sont pratiquement toujours des enfants plus intelligents que la moyenne, avec une personnalité assez saine et qui vivent dans des familles tout à fait normales. Ils se sentent souvent agités mais ne sont pas extrêmement hyperactifs. Ils donnent l'impression d'avoir, depuis toutes ces années, compensé leurs difficultés d'apprentissage et d'attention grâce à leur bonne intelligence, à une grande motivation et à un excellent soutien et encadrement familial.

L'apparition du problème est ainsi repoussée jusqu'à ce qu'ils se heurtent à des exigences scolaires d'un certain niveau, qu'ils ne sont plus capables d'appréhender. Ils développent alors une hantise de l'échec (scolaire notamment), un comportement de fuite et souvent aussi des réactions agressives et dépressives.

Quand nous constatons qu'un jeune, vivant dans une famille sans problèmes particuliers, se met soudainement à dysfonctionner sur un mode agité — alors qu'aucun changement radical n'est survenu dans son environnement —, nous veillons à réaliser des examens plus poussés. En effet, toutes sortes de perturbations sont susceptibles de se passer en lui, ce qui nécessite certainement un examen de sa vie affective (tests et discussion). Mais il se pourrait aussi qu'un syndrome hyperkinétique masqué jusqu'alors se mette à décompenser, par exemple parce que le stress et les exigences scolaires augmentent. Il est donc également nécessaire de réaliser un examen neuropsychologique approfondi, où nous envisageons la possibilité d'un trouble de l'apprentissage ou d'un trouble de la concentration et de l'attention.

Les caractéristiques « officielles » du syndrome TDAH énumérées ci-dessus ont un grand inconvénient : elles sont établies comme si seuls les enfants pouvaient en souffrir.

C'est pourquoi les psychiatres ne pensent pratiquement jamais à cette possibilité chez des jeunes — et moins jeunes — adultes.

3. Les nombreux problèmes des enfants atteints de TDAH

Sur base des critères énumérés dans le paragraphe précédent, il est possible de dépister un TDAH discret ou d'intensité moyenne chez un enfant. Pourtant d'après notre travail psychiatrique auprès d'enfants et d'adolescents TDAH, il semble que leur problématique soit la plupart du temps plus difficile et plus compliquée : en effet la majorité d'entre eux ne présentent pas seulement quelques-uns des symptômes cités plus haut, mais bien tous ces symptômes.

De plus, outre les difficultés dues à leur hyperactivité, leur impulsivité et leur manque de concentration, on trouve la plupart du temps des problèmes annexes, tels que des troubles moteurs, des problèmes émotionnels, des troubles de l'apprentissage ou du sommeil, des problèmes relationnels et des troubles de comportement..

Troubles de l'attention et de la concentration

Presque tous les enfants TDAH ont de grandes difficultés à fixer leur attention sur un seul sujet, à se concentrer. Ils sont toujours attirés par ce qui se passe autour d'eux, et cela les distrait de leur occupation : un jeu, un devoir scolaire, une autre tâche... Certains enfants n'arrivent même pas à fixer leur pensée sur un seul sujet, sans que ce soit dû à de la distraction. Une mère appelait cela très correctement « l'hyperactivité de l'esprit ».

Ces difficultés d'attention, surtout à l'école, font des enfants TDAH des « enquiquineurs ». Les enseignants se plaignent souvent de ces enfants : « Ils ne font jamais attention, ils sont souvent distraits, ils rêvassent, ils sont toujours dissipés ». Ces problèmes de concentration sont souvent aggravés quand un enfant TDAH a, en plus, des difficultés à distinguer ce qui est important de ce qui ne l'est pas (voir plus loin les *troubles de l'apprentissage*).

Dans la majorité des situations, les enfants TDAH peuvent difficilement se concentrer sur une tâche particulière. Mais paradoxalement lorsque quelque chose absorbe leur attention, il est parfois très difficile de les en détourner. En ce qui concerne leur attention et leur concentration, on dirait qu'il s'agit de tout ou rien, (mais malheureusement le plus souvent de *rien*).

L'inattention et le manque de concentration sont des éléments très importants du trouble déficitaire de l'attention. D'après un nombre croissant de chercheurs, les troubles de l'attention et de la concentration forment le noyau du syndrome TDAH. Il est dès lors intéressant de savoir que les médicaments qui agissent le mieux sur ces enfants améliorent surtout l'attention et la concentration.

Hyperactivité

La plupart des enfants TDAH sont hyperactifs. Cela provoque souvent de graves problèmes : ils ne restent jamais tranquilles : cent fois par jour leurs parents doivent leur crier : « Reste tranquille ! ». Ils n'arrêtent pas de galoper, ils s'occupent rarement longtemps et paisiblement à une activité. Quand ils font réellement des efforts pour se tenir tranquille sur une chaise, tout s'agite encore : les doigts, les pieds, le visage... On devient nerveux rien qu'à les regarder.

Chez des enfants plus âgés, qui ont appris avec beaucoup de peine à dominer leur hyperactivité, l'agitation « maîtrisée » est frappante. Ces enfants paraissent calmes, mais si on les observe de près ou si on apprend à mieux les connaître, on remarque qu'ils ne sont que rarement ou même jamais vraiment détendus. Il s'agit d'une tension contrôlée, ce qui est tout autre chose que de la détente !

Des parents qui font la comparaison avec leurs autres enfants, racontent souvent que leur enfant TDAH était déjà très remuant pendant la grossesse et la toute petite enfance : « Il remuait déjà tellement dans mon ventre, que j'en ai eu des *bleus* dans les côtes » ; « Il n'était jamais tranquille une seconde dans mes bras » ; « Il se balançait tellement que le berceau se renversait. C'était le début d'une longue série d'incidents et d'accidents. »

Beaucoup de familles réussissent cependant à s'adapter à leur petit poulain impétueux. Par contre, pour un enseignant qui se trouve toute la journée devant vingt-cinq enfants, ce n'est pas si simple. Certainement pas lorsque le calme et la discipline deviennent indispensables. *Alors que cela se passait encore assez bien à la maison et en maternelle, les problèmes surgissent généralement en première année primaire.*

Il y a aussi des enfants TDAH qui ne gambadent pas sans arrêt. Chez eux, vous constatez en y regardant bien que rester calme leur demande une grande tension : ils ne sont pas simplement détendus, mais ils se retiennent plutôt de façon tendue. D'autres encore sont agités sans raison de petits mouvements impulsifs : ils sont continuellement occupés à manipuler, à triturer ou à démonter quelque chose. Certains enfants plus âgés racontent que leurs pensées aussi sont « hyperactives » ; qu'ils passent continuellement du coq à l'âne sans lien logique.

Certains enfants TDAH sont hyperactifs pratiquement en permanence, en toutes circonstances. D'autres peuvent se tenir tranquilles pendant un petit temps, même quelques jours de suite, dans une situation bien structurée, par exemple avec un professeur sévère, ou pendant une leçon de mathématiques. Ils ne deviennent hyperactifs que dans des situations moins structurées, comme en récréation, dans la rue, ou pendant les cours de travaux manuels, ce qui a pour conséquence que des médecins ou d'autres thérapeutes se laissent souvent induire en erreur. Ils pensent que tout va bien parce que l'enfant se tient tranquille pendant leur examen.

Nous remarquons cela aussi lorsque nous voulons enregistrer le comportement d'enfants TDAH sur cassette vidéo, pour la formation des étudiants en médecine. C'est souvent difficile à obtenir car ils sont très capables de se tenir tranquilles de manière inattendue pour une durée limitée. Ils se déchaînent aussitôt que la caméra s'est arrêtée à la fin de la prise de vue.

Au cours des consultations, nous avons découvert avec surprise que pas mal d'enfants TDAH aiment pêcher. Ils peuvent fixer le bouchon des heures durant, ce qui peut rendre les parents terriblement jaloux de les voir s'occuper si paisiblement. À notre connaissance, aucune étude n'a encore été réalisée à propos de ce phénomène : on dirait que les enfants entrent dans une espèce de transe. Vous comprendrez que nous avons plus d'une fois encouragé ce sport !

Impulsivité

Certains enfants TDAH peuvent difficilement faire des projets ou prévoir les conséquences de leurs actes. Ils agissent de manière irréfléchie, impulsive. Ils font quelque chose dès que cela leur passe par la tête : traverser soudainement la rue, sauter de la plus haute marche de l'escalier, répondre à haute voix en classe sans demander la parole... Cette impulsivité peut être la conséquence du fait que beaucoup d'entre eux ne parviennent pas à penser de manière séquentielle (c'est-à-dire par petites étapes) ni à distinguer l'essentiel de l'accessoire.

D'après certains chercheurs, l'impulsivité est la conséquence d'un tout petit défaut dans la partie du cerveau dont le rôle est de freiner, d'amortir (*inhiber*, dans le langage professionnel) les activités. Ce défaut serait réellement minime, mais suffisant pour que les freins d'un enfant TDAH ne fonctionnent pas à temps ; c'est littéralement un enfant *sans freins*. La plupart du temps, il agit sans avoir d'abord pesé le pour et le contre ni étudié les conséquences de ce qu'il entreprend.

Un problème supplémentaire, et souvent très pénible, causé par l'impulsivité est le fait que ces enfants risquent d'avoir affaire à la police. Ils ont pris le CD ou la friandise avant que leur conscience ait pu les avertir que ça ne se fait pas. Il ressort ainsi de notre expérience que des gamins de dix à douze ans, avec leur petit corps souple, risquent d'être enrôlés comme complices par des garçons plus âgés réellement délinquants, dans le cadre de leurs mauvais coups. Les jeunes TDAH, qui veulent être bien vus par des garçons plus âgés, sont prêts à tout, et leur impulsivité les rend en effet capables de beaucoup.

Nous pouvons raconter aussi un tout autre genre d'incident, rapporté d'ailleurs par les journaux. Un de nos patients sauva un enfant d'une maison en flammes et raconta tout fier au bourgmestre qui lui remettait une médaille en récompense, qu'il souffrait de TDAH et que c'était grâce à cela qu'il avait agi impulsivement. S'il avait mieux réfléchi, il n'aurait peut-être rien fait. On peut parfois faire de nécessité vertu...

Troubles moteurs : maladresse

La manière dont les enfants TDAH utilisent leurs muscles est souvent mal organisée. Ils bougent maladroitement. Pour produire un mouvement précis et correct, tous nos muscles doivent être coordonnés. Imaginez par exemple le nombre de muscles qui interviennent dans les pieds, les jambes, les hanches, le dos et même le cou et les bras, quand nous courons sans trébucher ni tomber. Beaucoup de muscles et de groupes musculaires différents doivent se coordonner avec une extrême précision pour nous permettre de rouler à vélo, écrire, nouer des lacets... *Chez les enfants TDAH, les muscles pris isolément fonctionnent très bien, mais il manque quelque chose au niveau de leur coordination.* Voilà pourquoi les enfants TDAH bougent souvent très maladroitement.

Parfois la défaillance se situe principalement dans la coordination des grands muscles, par exemple des bras et des jambes (ce que l'on appelle *motricité globale*). Ces enfants « accrochent » les marches des escaliers, se cognent à des portes ouvertes, tombent des arbres et trébuchent beaucoup trop facilement.

D'autre fois, le dysfonctionnement réside dans la coordination des petits muscles, par exemple ceux des doigts (ce que l'on appelle *motricité fine*). On reconnaît ces enfants à leur écriture maladroite et à leur incapacité en dessin et en travaux manuels.

Dans d'autres cas encore, le défaut se retrouve aux deux niveaux. Vous ne devez pas oublier que la coordination musculaire est dirigée par le cerveau : il donne ses ordres aux muscles et veille à ce qu'ils se coordonnent. Pour bien utiliser nos muscles, il faut aussi une bonne collaboration entre les sens (par exemple les yeux) et les muscles. Chez certains enfants TDAH les muscles sont en ordre, les sens fonctionnent bien, mais quelque chose est défaillant au niveau de la collaboration entre les sens et les muscles (ici coordination oculomotrice).

Les problèmes à ce niveau peuvent être examinés et traités par un ergothérapeute ou un thérapeute psychomotricien.

Troubles du conditionnement et de l'apprentissage

Lors du traitement d'enfants atteints de syndrome TDAH, nous avons souvent été frappés par le fait qu'ils apprenaient un nouveau comportement ou en désapprenaient un ancien beaucoup plus difficilement que les autres enfants, quel que soit le niveau de leur intelligence. Pour une minorité d'entre eux, l'apprentissage et le désapprentissage semblent extrêmement difficiles, même dans les meilleures circonstances et avec la plus grande implication possible des parents et des éducateurs. Il est fort probable que les problèmes d'attention et de concentration contribuent à une telle difficulté. Mais plus généralement on peut dire qu'ils sont nettement moins faciles à conditionner que la moyenne des enfants. On entend par là qu'ils peuvent difficilement apprendre ou désapprendre quelque chose, même lorsqu'une récompense ou une punition théoriquement adéquates suivent immédiatement le comportement. Selon un nombre croissant de chercheurs, il s'agit là d'un déficit fondamental et il serait à l'œuvre chez beaucoup plus d'enfants TDAH qu'on ne le pensait avant.

> EXEMPLE
> *Bien que la mère de Julie lui ait déjà souvent dit : « Éloigne-toi du poêle ! Ca brûle ! », Julie y revenait malgré tout. Elle touchait le poêle, reculait d'un bond et se mettait à pleurer.*

Si un enfant ordinaire se fait mal une fois ou deux au contact d'un poêle brûlant, la fois suivante il se tiendra à l'écart de ce « méchant poêle ». L'enfant apprend rapidement par les conséquences de son comportement ce qui va et ce qui ne va pas, ce qu'il peut et ne peut pas. Certains enfants TDAH peuvent se brûler dix fois les doigts, au propre comme au figuré, avant d'avoir retenu la leçon.

À l'inverse, si un enfant ordinaire est récompensé à quelques reprises pour un comportement déterminé, il y a de grandes chances qu'il reproduise plus souvent ce comportement par la suite. Chez les enfants TDAH, les parents doivent encourager le comportement souhaité au moins dix fois plus, avant qu'il soit assimilé correctement. Ils doivent aussi punir dix fois plus souvent et immédiatement, avant que le comportement indésirable disparaisse.

Chez la majorité des enfants TDAH, cette difficulté peut finir par se résoudre ou se canaliser jusqu'à un certain point, si on aide les parents à mettre en route une éducation très claire et très structurée. Il est pratiquement toujours nécessaire que les parents posent leurs exigences noir sur blanc et qu'ils y attachent des récompenses ou des punitions non équivoques. De façon complémentaire, les médicaments semblent avoir eux aussi un effet positif : ils rendent l'enfant plus capable d'apprendre et plus apte à être conditionné.

Malheureusement, cela ne vaut pas pour tous les enfants TDAH. Chez certains d'entre eux, qui sont sévèrement atteints, la médication n'a qu'un effet limité, voire nul. Ce sont eux qui sont particulièrement difficiles à conditionner, même si les parents s'investissent au maximum ou si l'enfant est hébergé dans une institution où l'on travaille de manière très structurée. Cela peut sembler cynique ou désabusé, mais quand on constate qu'une éducation ordinaire ne suffit pas, il faut « driller » ces enfants ; malheureusement « driller » ne réussit pas mieux.

Une des conséquences les plus importantes de cette incapacité au conditionnement est un défaut de formation de la conscience morale, ce qui risque d'amener petit à petit des comportements délinquants très difficiles à corriger. Ce sont surtout les enfants de ce groupe qui risquent donc de se retrouver chez les thérapeutes parmi les pré-adolescents et adolescents « à problèmes ». Chez les thérapeutes... ou chez les magistrats. En effet leurs problèmes peuvent être très graves, souvent dans le champ de la délinquance et, comme ces problèmes sont très visibles et préoccupants, les troubles de l'attention et de la concentration passent presque inaperçus.

Troubles du traitement de l'information

Par *troubles du traitement de l'information*, nous entendons les *difficultés éprouvées par certains enfants TDAH pour assimiler ce qu'ils voient, entendent et sentent*. Leurs sens sont en général bien développés (les yeux, les oreilles, l'équilibre, la sensibilité de la peau et des muscles...), mais il manque quelque chose pour que l'information (la lumière, les sons, le toucher...) envoyée par les sens soit bien traitée. On pourrait écrire tout un livre sur ces troubles et sur la façon de les aborder. Nous nous limitons ici à répondre aux questions que les parents nous posent le plus fréquemment.

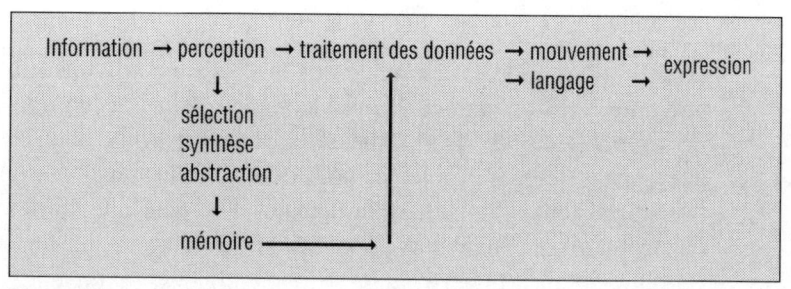

```
Information → perception → traitement des données → mouvement →
                ↓                      ↑              → langage    → expression
             sélection
             synthèse
             abstraction
                ↓
             mémoire ─────────────→
```

Figure 14

Pour devenir un message sensé, l'information perçue par les sens doit être traitée correctement. Chez un enfant atteint de T.D.A.H., il peut exister des dysfonctionnements à différentes étapes du processus. Notons aussi que ces troubles peuvent se présenter isolément, sans hyperactivité ni impulsivité, chez d'autres enfants que ceux qui nous occupent pour le moment.

Troubles de la perception

Si quelque chose fonctionne de travers au niveau de l'observation, de l'enregistrement, nous parlons *de troubles de la perception ou de l'enregistrement*. Les sens proprement dits fonctionnent généralement bien chez un enfant TDAH. La « panne » se trouve au niveau de la manière dont l'information est traitée.

- Troubles de la perception visuelle

Un groupe important de troubles de la perception est constitué par les troubles de la perception visuelle. L'œil voit correctement, mais le cerveau a des difficultés à traiter correctement ce qui est vu.

EXEMPLES

- *S'il a du mal à bien distinguer la gauche et la droite ou le haut et le bas, l'enfant verra peu de différences entre un d et un b. C'est ce qu'on appelle des troubles de la discrimination visuelle.*
- *Si le cerveau apprécie difficilement la profondeur de champ, l'enfant évaluera mal ses distances, se cognera partout, versera à côté du verre, renversera sans cesse...*
- *Il arrive assez souvent que l'enfant TDAH ait des difficultés à détacher dans ce qu'il voit le sujet du fond, la partie du tout, l'important de l'accessoire. En d'autres mots, il ne parvient pas à distinguer les arbres de la forêt. Il éprouve des difficultés à lire un mot ou une phrase dans un texte, à distinguer ce mot ou cette phrase (les lettres les plus importantes) parmi toutes les autres lettres ou les autres mots de ce texte (le fond, accessoire). Il distingue mal le feu rouge de circulation (important) de toutes les autres lumières qu'il voit autour de lui, les affiches lumineuses et les phares d'autos (secondaire).*

Pour lui, le monde est comme vous le voyez quand vous roulez de nuit sous la pluie, dans une rue inconnue, pleine de lumières et de néons publicitaires. Dans une telle situation vous pouvez, vous aussi, avoir de gros problèmes pour distinguer les feux de signalisation parmi toutes les autres lumières et il se peut que vous constatiez trop tard que vous n'avez pas « vu » les feux.

Certains enfants TDAH, même très intelligents, éprouvent ce problème en permanence, jour et nuit. Il y a continuellement « quelque chose qu'ils n'ont pas vu », parce qu'ils n'ont pas pu le distinguer de tout ce qu'il y avait à voir et à entendre.

- Troubles de la perception auditive

Pour le traitement des sons également, un enfant TDAH peut avoir beaucoup de difficultés à distinguer des sonorités proches, que ce soit au niveau des lettres (par exemple le *b* du *p* ou le *d* du *t*) ou des mots (pain / bain ; doigt / toit…). Ces problèmes sont appelés *troubles de la discrimination auditive*.

Ici aussi, ce peut être un problème pour un enfant TDAH de distinguer le sujet du fond. Pour mieux comprendre ce problème, imaginez-vous avec un ami dans un café rempli de monde. Il y a de la musique et au moins trente personnes parlent tout près de vous. Pourtant vous arrivez à isoler ce que dit votre ami (l'*important*, le *sujet*) de tout le bruit de fond (l'*accessoire*). Pour vous, cela paraît naturel, mais certains enfants TDAH devront se concentrer au moins dix fois plus que vous ne le faites. Pour un enfant souffrant de ce trouble, entendre ce que vous lui dites lors d'un repas familial animé est particulièrement difficile.

Vous pouvez imaginer combien il peut être difficile pour ces enfants d'entendre et de comprendre l'enseignant, parmi le tapage des autres enfants, le bruit du trafic dans la rue, et les chants des enfants dans la classe voisine.

Il existe encore beaucoup d'autres troubles de la perception : le toucher, l'équilibre, la sensibilité musculaire… peuvent également être affectés.

Troubles du traitement des données

L'information qui arrive au cerveau par l'intermédiaire des différents sens ne doit pas seulement être bien *enregistrée*. Il faut que tous les éléments qu'elles contient soient en plus correctement *traités*, c'est-à-dire sélectionnés, classés, intégrés et coordonnés entre eux.

Les sens doivent être bien coordonnés entre eux ; les muscles également. Par ailleurs il faut une bonne coordination entre les sens et les muscles. Si quelque chose ne fonctionne pas correctement à ce niveau, nous parlons de *troubles de la coordination*.

EXEMPLE

Pour rouler à vélo en toute sécurité, tous les sens et les muscles doivent être coordonnés les uns aux autres — surtout le sens de l'équilibre, les yeux, les oreilles et la perception musculaire. Vous ne pouvez pas cesser de regarder devant vous si tout à coup vous entendez quelque chose ; vous ne pouvez pas cesser de conduire si vous apercevez soudain quelque chose d'intéressant.

Vous pouvez aussi comparer ce phénomène à l'apprentissage de la conduite automobile : vous devez tenir compte d'un tas de choses en même temps. Vous devez traiter simultanément l'information reçue par les oreilles, les yeux et les sensations musculaires. Par conséquent, au début vous oubliez toujours quelque chose. Après beaucoup d'exercices, vous apprenez à percevoir et à exécuter tout en même temps.

Une autre façon importante de traiter l'information est la capacité de mettre de l'ordre dans ses idées : « D'abord ceci, puis cela, ensuite comme ça… ». Nous apprenons beaucoup d'activités compliquées en les fractionnant. Un grand nombre d'enfants TDAH éprouvent des difficultés à penser par petites étapes, à anticiper le geste qu'ils poseront après celui qu'ils sont en train de poser. Dans la plupart des situations, c'est quelque chose que vous faites naturellement, sans même en avoir conscience : « Si je fais ceci, il se passera cela ; en conséquence, il arrivera vraisemblablement quelque chose comme ça… ». Dans le langage professionnel, le fait d'organiser en ordre logique l'information reçue via les différents organes des sens s'appelle la *pensée séquentielle*.

Par exemple, si un enfant a des problèmes à ce niveau, il ne placera pas correctement les lettres dans un mot ; les mots dans une phrase ; les phrases dans un récit…

Certains enfants ne peuvent pas penser de manière séquentielle ; ils sont incapables de travailler méthodiquement, ce qui a des conséquences importantes pour le calcul notamment. Pensez combien il est difficile pour ces enfants de résoudre des problèmes ou de calculer avec de grands nombres, où il faut d'abord travailler avec les unités, puis les dizaines, puis les centaines. Cela devient une épreuve réellement effrayante.

Le fait de ne pas penser par étapes amène ces enfants à se mettre au travail de manière impulsive. Ils ne réfléchissent pas plus loin que leur première idée. Voilà pourquoi on croit souvent que ces enfants ont un sens moral peu développé.

Un enfant ordinaire pensera :

« 1° Emilie m'énerve, je vais la frapper.

2° Si je la frappe, elle se mettra à pleurer.

3° Si elle pleure, sa mère va arriver.

4° Alors sa mère me donnera une paire de claques.

5° Donc, il vaut mieux que je ne frappe pas Emilie. »

Un enfant qui éprouve des difficultés à réfléchir par étapes, n'anticipera pas cinq étapes à l'avance et… donnera la gifle à Emilie. Que ces enfants aient un sens moral comme n'importe quel autre enfant apparaît dans le regret qu'ils éprouvent en se rendant compte des conséquences de leurs actes. Ils peuvent alors se sentir très fâchés contre eux-mêmes, se sentir très coupables... Mais la fois suivante, ils agiront de nouveau sans réfléchir, à leur grand désespoir.

Troubles de la mémoire

Certains enfants TDAH éprouvent aussi des difficultés anormales pour retenir quelque chose. Ils comprennent bien, mais l'action de mémoriser leur demande dix fois plus de répétitions et d'attention qu'aux autres enfants. Si, en plus, un enfant TDAH a du mal à distinguer l'essentiel de l'accessoire, il ne voit pas clairement ce qui doit être enregistré ou non dans sa mémoire.

S'il s'agit de retenir une chose à la fois, cela peut encore aller. Mais mémoriser une mission telle que : « Va chez le boulanger chercher le pain et les pâtisseries, et ramène-moi un journal en revenant et puis... ah oui ! Jette ceci dans la boîte aux lettres en passant. » n'est vraiment pas réalisable pour un enfant TDAH même s'il est très intelligent.

Ces troubles de la mémoire — appelés parfois *troubles de la fixation* — rendent la tâche particulièrement difficile aux enseignants qui veulent apprendre quelque chose de nouveau à ces enfants. Le professeur pense : « Bon, il a compris maintenant, demain on continue ». Mais le lendemain, l'enfant en a oublié la moitié.

De temps à autre, il arrive que l'enfant TDAH retienne et remarque mieux quelque chose que d'autres enfants. Souvent cela concerne des détails sans importance. Beaucoup de parents pensent alors : « Si mon enfant se souvient de pareils détails, il a certainement une bonne mémoire. C'est donc de la mauvaise volonté de sa part. » C'est une conclusion erronée. L'enfant TDAH retient parfois de petits détails, justement parce qu'il distingue difficilement l'important de l'accessoire.

Troubles de l'expression

Notre cerveau ne se contente pas d'enregistrer et de trier les informations ; il détermine aussi ce qu'il faut en faire, comment les utiliser. Cela se fait principalement de deux manières : par nos muscles et par nos mots. Or les enfants TDAH peuvent avoir aussi bien des troubles moteurs que des troubles de la parole.

Nous avons déjà parlé des troubles moteurs. Ils peuvent toucher les grands groupes musculaires et nous voyons alors l'enfant courir ou rouler à vélo maladroitement. Mais les troubles moteurs peuvent également toucher les petits muscles (ce que nous avons appelé la *motricité fine*) ; dans ce cas, l'enfant a du mal à réaliser des actions qui demandent de la précision : enfoncer un clou, écrire... Par exemple, pour écrire, les yeux et les muscles doivent être coordonnés. Si ce n'est pas le cas, nous parlons de *trouble de la coordination oculomotrice*. Si les muscles ne collaborent pas bien entre eux, nous parlons d'un *trouble de coordination motrice*. S'il y a un problème au niveau des petits muscles de la bouche, ou au niveau de leur coordination, il peut apparaître des *troubles de la parole*. Etonnamment beaucoup d'enfants TDAH ont une voix rauque et grave. Les troubles de la parole peuvent avoir bien d'autres causes. Pour les dépister et les traiter, nous pouvons faire appel à un orthophoniste ou logopède.

Troubles de la lecture, de l'écriture et du calcul

Ces troubles, liés à l'apprentissage, n'apparaissent qu'au moment où un enfant apprend à lire, à écrire et à calculer. La familiarisation avec ces trois techniques constitue le test le plus révélateur pour la fonction cérébrale de coordination et de traitement de l'information. Souvent, s'il n'y a qu'un petit défaut dans le domaine du traitement de l'information, il ne se révélera qu'au cours de la première année primaire.

Les termes les plus souvent utilisés pour désigner les troubles dans ce domaine sont :

– *dyslexie* pour les troubles de la lecture ;
– *dysorthographie* pour les troubles de l'écriture ;
– *dyscalculie* pour les troubles du calcul.

Jusqu'il y a quelques années, ces troubles étaient mal connus et beaucoup des enfants qui en souffraient étaient étiquetés à tort comme bêtes ou paresseux.

Heureusement, il y a maintenant de plus en plus de thérapeutes et surtout d'(ortho-) pédagogues, qui se spécialisent dans le dépistage et dans le traitement de ces troubles. Dans certaines écoles, des professeurs d'adaptation ou des chargés d'enseignement de soutien peuvent épauler efficacement les enfants dont le problème n'est pas trop grave.

Problèmes émotionnels

Les réactions émotionnelles d'un enfant TDAH sont souvent exagérées et très variables. On appelle cela *labilité émotionnelle*. Il peut être follement enthousiaste un moment et, dix minutes plus tard, tout à fait indifférent. Puis, de nouveau expansif et joyeux et, une heure plus tard, complètement abattu. *Les enfants TDAH contrôlent difficilement leurs émotions.* Un rien peut les rendre extrêmement irrités, agressifs ou contrariés. Chez eux, cette labilité émotionnelle peut être en relation directe avec un très léger dysfonctionnement cérébral ou bien être la conséquence des nombreuses difficultés auxquelles ils sont continuellement confrontés.

Un enfant TDAH peut être beaucoup plus intelligent que son voisin de banc à l'école mais éprouver beaucoup plus de difficultés que lui pour apprendre quelque chose. Par ailleurs, il remarque très bien combien il semble « bête » ou « maladroit ». À cause de cette prise de conscience, l'enfant TDAH peut devenir très abattu, voire dépressif. Il risque de développer un sentiment d'infériorité. Tout ce qu'il essaie échoue. Il y a toujours quelque chose qui lui tombe dessus. Il est rare qu'il reçoive une remarque positive.

Cette réalité est plus traumatisante pour des enfants TDAH que pour des enfants handicapés mentaux, par exemple. Ces derniers aussi sont souvent maladroits et commettent des erreurs, mais au contraire des enfants TDAH, ils en ont moins conscience.

L'enfant TDAH a donc souvent une mauvaise image de lui-même : il se voit comme un bon à rien. Certains enfants TDAH cachent cela derrière un masque. Par exemple, en faisant continuellement le clown. D'autres essaient de le cacher *en faisant l'intrépide et le crâneur ou en se retranchant derrière un comportement agressif et délinquant.* Il est important de retenir que derrière ce masque se cache un enfant très peu sûr de lui, qui a énormément de difficultés et qui éprouve souvent un sentiment d'infériorité.

Problèmes relationnels

Suite à tous les troubles, difficultés, problèmes et accidents que nous avons détaillés, l'enfant TDAH trouve parfois qu'il est très difficile de bien vivre avec d'autres personnes. La relation entre lui et ses parents, comme avec les autres membres de sa famille, est une des relations les plus importantes, mais qui dégénère souvent. Ceci vaut même pour un bébé hyperactif. Il est difficile de materner/paterner un enfant s'il ne reste jamais tranquille deux minutes dans vos bras ou sur vos genoux. Il est donc compréhensible que parfois très tôt quelque chose dérape dans la relation entre des parents et leur enfant hyperactif. Pour certains enfants, et même certains bébés, il faut vraiment être des « super-parents » pour tenir le coup.

À l'école aussi, les relations d'un enfant hyperactif avec les autres enfants et les adultes peuvent très vite dégénérer. Dès la première année primaire, de solides exigences sont posées : se tenir tranquille, faire attention, attendre son tour, faire des exercices précis (par exemple écrire proprement). Cette pression constante écrase parfois rapidement l'enfant TDAH.

En outre, la première année primaire correspond souvent avec la période où l'entourage intervient massivement dans le problème. L'institutrice dit aux parents : « Ne soyez pas toujours derrière lui » ; la grand-mère trouve que sa belle-fille est beaucoup trop permissive ; le médecin de famille dit : « Le Valium ferait peut-être de l'effet » et la tante s'exclame : « Laissez-moi cet enfant quinze jours, et vous verrez le résultat ! ».

Le plus préoccupant dans tout cela est que les parents reçoivent plus de reproches que d'aide efficace. C'est souvent à cette époque que les parents auront de sérieuses disputes entre eux à propos de la manière de se comporter avec leur enfant. Tout cela renforce le chaos, et c'est justement de tout cela que l'enfant TDAH devrait être préservé. En effet dans une situation chaotique et tendue, son comportement devient encore plus problématique et le cercle vicieux s'installe. Plus grand est le chaos et plus les parents sont indécis, plus l'enfant devient intraitable. Cette spirale négative mène parfois à de graves explosions.

Les enfants TDAH, surtout les enfants hyperactifs, sont parfois sauvages, puérils ou même ridicules dans leur manière d'être avec les enfants de leur âge. Il leur est plus difficile qu'aux autres enfants de percevoir les sentiments d'autrui, entre autres parce qu'ils ont de la peine à distinguer l'important de l'accessoire. Les enfants TDAH sont en général peu populaires parmi ceux de leur âge ; ils sont souvent exclus du sport et des jeux. Si les parents et les enseignants n'apportent pas une aide particulière à l'enfant TDAH dans ce domaine comme dans les autres, il risque d'avoir de sérieux problèmes avec les enfants de son âge. Il évitera les autres ou se limitera à la fréquentation beaucoup plus facile d'enfants plus jeunes.

Dans un groupe, l'enfant TDAH devient facilement le bouc émissaire ou le souffre-douleur des autres. Il se fera difficilement des amitiés durables. Parfois il essaie de résoudre cela en achetant l'amitié des autres par une complaisance exagérée, de la flatterie, des friandises, des jouets ou de l'argent.

Dans leurs relations avec les autres, ces enfants dosent mal l'expression de leurs sentiments. Ils sont démesurés dans le témoignage de leur amitié. Parfois ils ne distinguent pas les amitiés importantes de celles qui ne le sont pas. Cela ne se produit pas seulement lorsqu'ils expriment de la colère ou de l'agressivité, mais aussi de temps à autre dans l'expression de l'amour et de l'affection. En d'autres mots, ils se montreront parfois aussi affectueux et intimes avec un étranger qu'avec un membre de la famille. Ces enfants doivent apprendre à mieux doser l'expression de leurs sentiments.

Troubles du sommeil

Ce problème semble à première vue sans grande importance : la plupart des enfants TDAH dorment peu et/ou de manière très agitée. Des recherches ont montré que nombre d'entre eux, même dans leur sommeil, sont plus agités que les autres enfants. En soi, ce n'est pas grave : ce n'est pas le fait de dormir peu qui fait du tort à l'enfant. Mais pour les parents, cela risque d'être la goutte qui fait déborder le vase : après s'être occupés une journée entière de leur enfant exigeant, ils ne peuvent pas souffler le soir et sont réveillés tôt le matin par son tapage !

Autres problèmes de comportement

Les enfants TDAH font souvent *les pitres*. Plutôt que d'admettre qu'ils ne savent pas faire quelque chose, ils exagèrent leur maladresse pour donner l'impression qu'ils le font exprès.

D'autres enfants TDAH développeront *un comportement de plus en plus délinquant*. Ils se disent que de toute manière, ils ne font rien de bon et qu'on les gronde toujours. Par conséquent, ils cessent de faire de leur mieux. Ils se laissent aller à ce qui leur passe par la tête.

Ils peuvent aussi en arriver à se défouler sur d'autres de leurs frustrations quotidiennes et devenir *très agressifs*. Ces problèmes peuvent devenir sévères s'ils connaissent simultanément des problèmes avec la formation de leur sens moral.

Il nous faut anticiper pour bien juger des conséquences possibles de notre comportement, pour former notre « conscience ». Si l'enfant éprouve des difficultés dans ce domaine, il fera plus de bêtises que d'autres. Le risque augmente encore si les parents eux-mêmes ne sont pas sûrs de leur approche et s'ils ne se tiennent pas à des règles de comportement claires et conséquentes.

Deux malentendus à propos de leur intelligence

Il existe deux malentendus à propos de l'intelligence des enfants TDAH :
- ils sont tous bêtes ;
- ils sont tous intelligents.

Le niveau d'intelligence n'a pas de lien direct avec le syndrome TDAH ; il peut survenir chez des enfants très intelligents, comme chez des enfants très peu intelligents. Un enfant peut être faiblement doué et, en plus, être atteint de TDAH. Bon nombre d'enfants handicapés mentaux peuvent être TDAH Inversement l'enfant TDAH peut être très intelligent ; cette intelligence est alors un important avantage : il a plus de possibilités pour compenser son handicap et s'en tirer malgré celui-ci. Il y a cependant un grave inconvénient : un enfant TDAH intelligent constate rapidement ses échecs répétés ; il est conscient du fait qu'il ne parvient pas à faire certaines choses que réussissent des enfants moins intelligents. C'est ainsi que, proportionnellement, les problèmes émotionnels chez un enfant intelligent peuvent être plus importants.

4. Comorbidité : l'association du syndrome TDAH à d'autres troubles

TDAH et autisme

La fréquence de l'apparition simultanée du TDAH et de l'autisme est beaucoup plus importante que ce qu'on aurait pu prévoir sur base de l'apparition du TDAH et de l'autisme séparément. C'est bien connu, des enfants autistes sont souvent atteints de troubles du type TDAH et le cas inverse existe aussi. Nous ne connaissons pas avec précision le fond de ce problème. Nous supposons — mais ce n'est pas encore vraiment démontré — qu'il pourrait bien s'agir de trois troubles différents : TDAH, autisme, et TDAH avec autisme. L'autisme est un trouble où les problèmes de contact sont primordiaux, tout comme les problèmes de développement du langage dans la petite enfance et les problèmes d'adaptation à des situations nouvelles. Nous rencontrons souvent chez des enfants autistiques une grande difficulté à se mettre dans la peau d'un autre ; des enfants autistiques peuvent être très préoccupés par certains objets ou par des mouvements bien précis ; on observe souvent le frémissement de leurs mains ou de leurs bras lorsqu'ils sont excités par certains sons ou s'ils voient certaines choses bien précises. Il existe toutes sortes de variantes dans les manifestations de l'autisme et la gravité de l'atteinte est aussi très variable. Dans les formes les plus légères, on parle de trouble envahissant du développement ou TED (en anglais : *pervasive developmental disorder*, en abrégé : PDD), dans lequel on trouve des variantes comme le syndrome d'Asperger et le syndrome de Rett. Nous ne pouvons pas les approfondir dans le cadre de ce livre. Quoiqu'il y ait des concordances entre le TDAH et un trouble de la sphère autistique (par exemple, tous les deux sont en partie déterminés par des facteurs héréditaires, tous les deux sont observables très tôt dans l'enfance, tous les deux provoquent un grave dysfonctionnement chez l'enfant), ils ne peuvent pas être confondus. Parfois pourtant, les symptômes sont si proches l'un de l'autre, que même un pédopsychiatre expérimenté peut avoir du mal à les distinguer.

Dans la pratique, nous sommes souvent frappés de voir combien des enfants, atteints d'un syndrome TDAH net, sont habituellement de bonne humeur, bien lucides, aux réactions vives, et combien ils sont en général agréables à fréquenter. Dans ce cas, nous parlons de « TDAH joyeux ». Les enfants TDAH chez qui il serait question d'autisme sont souvent bourrus ; ce sont des enfants très difficiles à aborder et, pour cette raison, pas faciles à fréquenter. On pourrait les appeler des « TDAH râleurs ».

Sans vouloir inquiéter inutilement nos lecteurs, nous avons cependant voulu approfondir ceci. En effet, l'expérience nous apprend que la présence simultanée de ces deux troubles est souvent découverte beaucoup trop tard, c'est à dire au moment où l'on constate que les médicaments ou les avis pédagogiques n'ont servi à rien et que la structure scolaire n'a été d'aucun secours. Les enfants chez qui l'autisme joue aussi un rôle demandent une autre approche que les enfants TDAH.

TDAH et troubles du comportement /délinquance

Avant de parler plus en détail de la présence simultanée du TDAH et de troubles du comportement et/ou de délinquance, il nous faut d'abord préciser les définitions de ces notions. Un trouble du comportement est un trouble défini et étudié sur base de la science psychologique et psychiatrique, et caractérisé par des symptômes tels que le harcèlement, la fugue, la désobéissance, le vol,et cetera.

La délinquance, elle, est un symptôme étudié par la science juridique et la criminologie. C'est un phénomène de société, fortement déterminé par l'époque et la culture où nous vivons : dans tel pays, l'avortement est un crime et pas dans tel autre. On constate qu'en Europe occidentale, un certain nombre de comportements précédemment qualifiés de délits, comme l'avortement, la consommation de drogues douces, l'euthanasie ou l'homosexualité ont été dépénalisés ou sont en voie de l'être.

Il existe une sérieuse confusion entre les troubles du comportement et la délinquance ; par exemple, un enfant qui désobéit et qui brutalise son petit frère a un trouble du comportement, il n'est pas délinquant. Par contre, un adolescent qui a mis sur pied un petit commerce de drogue florissant mais se conduit parfaitement à la maison et à l'école, est délinquant sans trouble du comportement.

Il semble actuellement que nous devions surtout nous soucier des enfants TDAH et des enfants qui, dès leurs premières années, ont fait preuve d'un comportement TDAH et surtout d'agressivité. Le risque est grand de les voir devenir plus tard délinquants et même délinquants violents. À notre avis, un enfant d'école maternelle qui, à plusieurs reprises, pince sadiquement un chat, attaque méchamment sa sœur, et casse continuellement et volontairement les objets de la maison, présente des troubles de comportement dont nous ne devons pas minimiser la gravité.

Avec des plaintes d'une telle ampleur, si vous ne trouvez pas une oreille attentive auprès de votre médecin traitant ou du médecin scolaire, il vous faudra demander conseil à un autre thérapeute. Les associations de parents d'enfants hyperactifs pourront vous y aider.

Pour une prise en charge adéquate, il convient d'évaluer, chaque trimestre et avec précision, l'évolution du comportement de votre enfant : est-ce que les épisodes agressifs augmentent en fréquence et/ou en gravité ? Est-ce que l'hyperactivité augmente ? Si c'est le cas, il faut sans tarder consulter une équipe pédopsychiatrique.

TDAH et maladie de Gilles de la Tourette

Il existe pas mal d'enfants qui souffrent de tics. Dans les cas graves, nous parlons de maladie de Gilles de la Tourette. Vers l'âge de dix ans, surtout chez les garçons, des tics peuvent apparaître, puis disparaître au bout d'un an. Les tics requièrent l'attention du soignant lorsqu'ils sont de telle nature que la vie scolaire des enfants en est fort perturbée ou que les autres membres de la famille en sont exaspérés. Il apparaît que les parents (les pères, le plus souvent), avant de savoir de quoi il retourne, punissent leur enfant alors que celui-ci n'y peut vraiment rien. On ne le croit pas de prime abord, parce que ces enfants sont effectivement capables d'arrêter les tics. Cela marche toujours mais pas longtemps ; généralement les tics réapparaissent avec plus d'intensité.

On peut traiter cette maladie avec des médicaments ou une thérapie, mais lorsqu'il s'agit d'une combinaison de tics avec un TDAH, le traitement demande l'intervention d'un spécialiste. Par ailleurs, lorsque ces enfants sont capables d'expliquer leur maladie à leurs compagnons d'école, on remarque que l'atmosphère empoisonnée de la classe peut soudain se transformer en une ambiance de compréhension vis-à-vis de l'enfant et de son problème, et même de singularité face aux autres classes.

TDAH et autres troubles

Le TDAH peut aussi survenir, mais moins fréquemment, en combinaison avec d'autres troubles, comme des troubles d'angoisse et de la dépression, et des troubles obsessifs-compulsifs (troubles obsessionnels). Ici aussi, il est important qu'un diagnostic soigneux soit posé par une équipe spécialisée.

5. Collaboration avec une équipe d'autres spécialistes

Dans ce livre, nous avons surtout insisté sur la manière dont vous-mêmes, en tant que parents, pouvez aider le mieux possible votre enfant TDAH. Et vous êtes en mesure de l'aider beaucoup. Votre contribution à l'éducation de votre enfant, avec celle des enseignants, reste la plus importante (et la plus difficile !).

Si votre enfant a des problèmes, tels que des troubles de l'apprentissage, de la parole ou des troubles moteurs, on peut instaurer un traitement. C'est ce qu'on appelle parfois une *rééducation fonctionnelle*. Il s'agit d'exercices par lesquels on essaie de suppléer à ces dysfonctionnements instrumentaux. Les spécialistes qui peuvent vous y aider sont par exemple les orthophonistes ou logopèdes, les ergothérapeutes, les physiothérapeutes, les psychomotriciens et les (ortho-)pédagogues.

Un thérapeute familial peut vous aider à améliorer votre collaboration réciproque — dans la mesure où il y aurait là un problème — et les interactions entre votre enfant TDAH et les autres enfants, et entre votre enfant et vous-mêmes. Un thérapeute comportemental peut vous enseigner des méthodes pour désapprendre à l'enfant son comportement dérangeant et lui apprendre le comportement souhaité.

Si votre enfant a de sérieux problèmes émotionnels qui vous dépassent, une thérapie individuelle analytique ou une thérapie cognitive peut être indiquée, mais jamais sans un accompagnement des parents ou une thérapie familiale.

Il est préférable que la direction et la coordination du traitement se trouvent entre les mains d'un pédopsychiatre.

En résumé, l'éducation d'un enfant TDAH exige pratiquement toujours une approche pluridisciplinaire, c'est-à-dire par différents spécialistes : les parents, les enseignants, le thérapeute familial, le médecin et même — suivant les troubles de votre enfant — l'orthopédagogue, l'orthophoniste ou logopède, le psychomotricien... Idéalement, ces spécialistes forment une équipe, travaillent en collaboration les uns avec les autres, et sont habitués à examiner et à traiter des enfants TDAH.

Vous aurez remarqué que, dans cette liste de spécialistes, nous avons aussi cité les parents. Ce n'est pas une plaisanterie. Les parents d'enfants TDAH sont des spécialistes, et même les plus importants. *De toute façon, vous devez exiger d'être étroitement impliqués dans le travail des autres spécialistes.* Une équipe qui traite des enfants TDAH sans une collaboration étroite avec les parents est une mauvaise équipe.

En tant que parents, vous devez aussi veiller à ce que votre enfant ne soit pas surchargé. Si votre enfant a des troubles ou des difficultés dans plusieurs domaines, il peut arriver qu'il ait besoin de thérapies différentes : celle d'un psychomotricien, d'un logopède ou orthophoniste, d'un orthopédagogue... Cela peut devenir excessif, et il risque de ne plus avoir suffisamment de temps pour jouer, faire du sport, être câliné, mettre du désordre et se défouler. Il est alors nécessaire de discuter des priorités avec tous les spécialistes potentiels, afin que votre enfant ne soit pas débordé par l'accumulation de leurs offres respectives. Il peut arriver que toutes ces thérapies constituent une source de stress trop importante pour un enfant TDAH. Surtout quand il est traité par des spécialistes qui n'ont pas de contacts réguliers entre eux (ce qui n'est malheureusement pas rare). C'est dans ce cas qu'ils risquent le plus de ne pas constater à temps la surcharge. Tenez cela à l'œil et parlez-en, le cas échéant, avec votre médecin traitant ou avec le pédopsychiatre de votre enfant.

6. Utilité des médicaments

Nous ne prescrivons pas souvent des médicaments à des enfants. Chez les enfants TDAH, il faut toujours rechercher quel bénéfice ils peuvent tirer d'une médication. Mais attention ! Les médicaments n'ont pas leur place dans le traitement d'enfants au tempérament exubérant et ne sont pas destinés non plus à des enfants qui sont hyperactifs *pour des raisons psychosociales !*

Il y a cependant un groupe d'enfants chez qui l'usage de médicaments donne de si bons résultats que c'est à ce traitement qu'il faut penser en première instance : c'est le groupe des enfants chez qui un examen approfondi a établi dans une large mesure l'existence de TDAH.

Nous avons démontré — comme d'ailleurs beaucoup d'autres cliniciens — que les enfants TDAH sont très bien aidés par des médicaments qui, en fait, stimulent le système nerveux central. Appartiennent principalement à ce groupe, certains médicaments de la famille des amphétamines [4].

La majorité des spécialistes donnent la préférence au méthylphénidate. Ce médicament stimule dans le cerveau l'activité d'une substance, la dopamine, qui joue un rôle important dans la transmission de l'influx nerveux. On peut prescrire aussi d'autres médicaments, comme la clonidine (Dixarit) et l'imipramine, mais leur étude n'a pas été aussi fouillée que celle du méthylphénidate et leur effet est moins convaincant.

Les trois-quarts environ des enfants TDAH qui prennent ces médicaments, montrent une nette amélioration. Un quart d'heure ou une demi-heure après la prise, ils deviennent beaucoup plus calmes. Le médicament améliore en premier lieu leur attention et leur concentration. De cette manière, mais aussi vraisemblablement par une action directe du médicament, leur hyperactivité diminue ; ils contrôlent mieux leurs mouvements, qui deviennent plus harmonieux : on peut le constater par exemple à partir de l'amélioration de leur écriture.

L'effet sur le fonctionnement psychosocial est parfois immédiatement visible. Nous voyons que pas mal d'enfants, avec l'aide d'une médication, se comportent socialement et intellectuellement mieux qu'auparavant. Mais dès le moment où l'action du médicament est épuisée, ils retombent dans leur comportement troublé. Cela signifie que *ce n'est pas*

---

[4]. Disponible en Belgique : le *méthylphénidate* (RILATINE®). Le *méthylphénidate* est également disponible en France (RITALIN®). La *pémoline* y est également commercialisée (CYLERT®). Depuis peu est également commercialisé le CONCERTA®. Il s'agit également de *méthylphénidate*, mais qui peut être pris en une prise matinale, alors que la RILATINE® doit être prise matin et midi pour « couvrir » la journée. La prise unique est un avantage certain, surtout les jours d'école… mais le coût du traitement est d'environ 50 euros/mois, contre 25 euros pour la RILATINE®. D'autres médicaments sont prévus d'ici quelques temps, au même prix que le CONCERTA®.

une médication qui guérit, mais qui combat un certain nombre de symptômes gênants, surtout l'hyperactivité et le manque de concentration.

Le médicament est surtout important parce qu'il permet aux enfants normalement doués de suivre l'enseignement normal, de mener une vie normale, de rester dans leur famille et de pouvoir continuer à faire partie du groupe des enfants de leur âge. Nous attribuons au médicament un rôle important parce qu'on épargne de cette manière énormément de souffrance et de problèmes à ces enfants et à leurs parents. Si à la puberté les possibilités d'attention et de concentration peuvent s'améliorer d'elles-mêmes, qu'aurons-nous gagné entre-temps à retarder tellement d'occasions d'apprentissage ?

Les chercheurs qui ont observé des enfants TDAH pendant plusieurs années ont clairement montré que la médication peut contribuer à améliorer les prestations scolaires : la médication facilite l'apprentissage parce qu'elle accroît les pouvoirs de concentration et d'attention.

Il s'agit ici d'un seul aspect, celui des apprentissages, mais dans bien d'autres domaines la vie de ces enfants est compliquée, notamment dans le domaine émotionnel et le domaine social. Tout au long de l'âge scolaire, les enfants TDAH doivent se frayer à grand-peine un passage à travers les nombreuses réactions négatives de leur entourage, à l'école et à la maison. Cela peut avoir une influence très négative sur l'image qu'ils se font d'eux-mêmes et sur leur confiance en eux. Il est très important de pouvoir, grâce à des médicaments, éviter qu'un enfant TDAH se ressente comme une sorte de monstre unique en son genre. Les médicaments peuvent aussi stimuler l'adaptation sociale. Un enfant TDAH qui se domine difficilement, même si ses parents et enseignants font leur possible pour l'aider, court le risque d'être socialement mis à l'écart et d'être étiqueté de clown, casse-pieds, bouffon, vaurien…

Les répercussions émotionnelles et sociales d'une jeunesse remplie d'échecs sont beaucoup plus graves sur l'image que l'enfant se fait de lui-même que les répercussions causées par la prise de médicaments. Il faut néanmoins examiner pour chaque enfant si les avantages de la médication sont réellement plus importants que les inconvénients. Des études scientifiques récentes ont montré que les meilleures améliorations chez les enfants réellement TDAH surviennent lorsque, aux médicaments, on associe les traitements dont nous avons parlé plus haut.

Comme toutes les médications actives, les médicaments stimulants tels que le méthylphénidate ont aussi des effets secondaires, dont les principaux sont : une diminution de l'appétit, des insomnies, des lourdeurs d'estomac, parfois de la pâleur. Certains enfants deviennent hypersensibles, pleureront facilement. D'après notre expérience, la plupart des effets secondaires disparaissent après quelques jours de traitement.

Parfois nous remarquons un certain ralentissement de la croissance. C'est pourquoi jusqu'il y a peu, les pédopsychiatres ne prescrivaient ces médicaments que pour les jours d'école. Heureusement, des chercheurs ont établi que l'enfant rattrape ce retard, qu'il arrête ou qu'il poursuive la prise du médicament. Aujourd'hui, on a donc tendance à le prescrire de façon continue, d'autant plus qu'en procédant à des interruptions répétées, l'efficacité du médicament diminue et qu'il faut alors augmenter les doses. D'ailleurs beaucoup de parents nous ont dit : « Je préfère un enfant au caractère normal et avec quelques centimètres de moins, qu'un bandit mal dans sa peau avec quelques centimètres de plus. »

Un autre effet secondaire assez rare peut surgir, que l'on appelle « effet rebond ». Cela veut dire que le comportement de l'enfant s'aggrave subitement quand l'effet du médicament est épuisé. Cela se passe généralement entre cinq et sept heures après l'administration de la médication. La solution est de redonner une petite dose vers quinze ou seize heures.

Vous entendrez dire par des connaissances, des médecins, des pharmaciens, peu documentés sur les nombreuses recherches dans le domaine de l'utilisation de ces médicaments chez des enfants TDAH : « Mais c'est du dopage, cela provoque de la dépendance ! ». Or il a été clairement établi que les enfants TDAH qui ont reçu ce médicament ne sont pas devenus plus souvent pharmaco-dépendants que les enfants non TDAH (voir plus loin dans ce chapitre). D'ailleurs, c'est souvent vous qui devez veiller à ce que votre enfant prenne ses comprimés chaque jour. Finalement, quand arrive le moment libérateur où l'enfant ne doit plus les prendre, c'est un soulagement pour chacun et *pour l'enfant en premier lieu*.

Tenez aussi compte du fait que d'autres membres de la famille pourraient faire un mauvais usage du médicament. Pensez-y, si des comprimés disparaissaient régulièrement. Comme pour n'importe quel médicament, vous devez être très attentifs et respecter à la lettre les directives du médecin traitant.

Nous sommes très prudents en ce qui concerne l'usage des médicaments chez des enfants TDAH. Nous nous tenons strictement à quelques règles avant de prescrire ces médicaments :

1. Le diagnostic de TDAH doit être établi avec une certitude suffisante.

2. La thérapie familiale doit se dérouler correctement : la situation d'éducation à la maison et à l'école doit être adaptée aux besoins d'un enfant TDAH. Nous n'avons jamais donné un médicament tant que l'approche n'était pas correcte.
3. Quand nous donnons un médicament, nous en prescrivons aussi peu que possible et nous vérifions au moins une fois par an si l'enfant peut s'en passer [5]. Si possible, nous ne donnons de médicament que les jours d'école.

Chez la plupart des enfants, vous constaterez rapidement l'effet du méthylphénidate, déjà après quelques jours, parfois même quelques heures. Nous recommandons une période d'essai allant de trois semaines à un mois. Si après un mois nous ne constatons pas de résultat probant, nous arrêtons ou nous essayons autre chose. Actuellement, pour être bien réalisé, un traitement doit respecter ce qu'on appelle un protocole : un certain nombre de spécialistes ont décidé comment se présente le traitement, dans quel ordre et à quel dosage les médicaments doivent être prescrits.

Ces médicaments présentent l'inconvénient d'avoir un temps d'action de courte durée. La durée de leur efficacité varie d'un enfant à l'autre, elle couvre entre quatre et huit heures. Si vous voulez couvrir le temps d'école, vous devez en donner deux fois par jour : le matin et vers midi. L'effet peut être évalué au moyen de questionnaires pour les enseignants, les parents, l'enfant et le thérapeute.

Généralement on ne donne pas ces médicaments avant l'école primaire. Nous ne commençons qu'au moment où la concentration et l'attention vont poser de réels problèmes, et cela se passe en général quand l'enfant entre à l'école primaire. Le mieux est de faire démarrer le traitement par le pédopsychiatre de l'équipe pluridisciplinaire qui a posé le diagnostic et qui organise le traitement. Après une première période d'évaluation, le traitement est bien équilibré et le contrôle médical peut être poursuivi par le médecin traitant. Il suffit alors que le pédopsychiatre vérifie une ou deux fois par an, en collaboration avec les parents, les enseignants et le médecin de famille, si l'administration de médicaments est encore utile ou si la dose ne doit pas être réajustée.

---

5. Nous faisons cette vérification par une administration en « double aveugle ». Sommairement, cela signifie que nous demandons l'aide du pharmacien pour que, une semaine de temps à autre, l'enfant reçoive un produit neutre au lieu de son médicament, et ceci à l'insu de tous. Pendant une période qui inclut cette semaine, parents et enseignants remplissent des questionnaires sur le comportement de l'enfant. Sur cette base, on arrive à déterminer si oui ou non il a besoin du médicament.

7. Quelle est l'évolution de ces enfants ?

Quand les pédopsychiatres ont commencé à s'intéresser au syndrome TDAH, ils pensaient que le syndrome disparaissait chez la plupart des enfants vers la puberté. Ce n'est pas si souvent le cas. Maintenant que les pédopsychiatres ont suivi de plus en plus d'enfants au-delà de la puberté, il apparaît que les symptômes se modifient au fur et à mesure de leur croissance, mais que la plupart du temps ils ne disparaissent pas.

Les problèmes des adolescents atteints de TDAH

Chez certains enfants TDAH, les problèmes — ou une partie des problèmes — diminuent ou disparaissent progressivement vers la puberté. Cela signifie que le mauvais fonctionnement d'une petite partie du cerveau n'était pas causé par une réelle lésion ni par un équipement déficitaire. On parlera plutôt de *retard de maturation* : quelque chose dans le cerveau ne s'était pas développé assez rapidement. Le retard se rattrape à la puberté. Malheureusement, il n'existe pas de méthode pour déterminer à l'avance si les problèmes s'amélioreront ou non à la puberté !

Le plus souvent, les symptômes ne disparaissent pas à la puberté. Ce qui change, diminue ou disparaît, c'est l'hyperactivité. Les autres difficultés peuvent également diminuer, souvent parce que l'enfant a appris des mécanismes pour mieux les contrôler.

> EXEMPLE
> - *Sandro, quinze ans, a des troubles de concentration, ce qui lui fait faire beaucoup de fautes dans ses devoirs. Peu à peu il devient capable de consacrer beaucoup plus de temps à les rédiger et arrive ainsi à faire moins de fautes.*
> - *Véronique, seize ans, éprouve des difficultés à travailler l'information visuelle. Progressivement, elle apprend à faire de plus en plus appel à l'information auditive.*
> - *Un de nos patients TDAH a obtenu le poste de directeur d'une agence bancaire. Il y fait son travail à la satisfaction de chacun... s'il peut utiliser sa calculette. Personne ne sait que sans elle il a des problèmes pour calculer des montants, même inférieurs à la centaine. Son dysfonctionnement cérébral n'a donc pas disparu, mais il a trouvé une solution pour en réduire les conséquences.*

Il n'y a aucun élément qui permet de prévoir concrètement l'évolution d'un enfant TDAH. Par contre, on peut trouver des facteurs qui influencent l'évolution de façon positive. Ce sont l'appartenance à une classe socio-économique élevée et la bonne santé mentale des membres de la famille. En dehors de ces deux facteurs familiaux, il y a aussi des facteurs individuels chez l'enfant TDAH, qui ont une valeur pronostique. Les principales caractéristiques négatives sont la faible intelligence, la persistance de l'hyperactivité, la mauvaise acceptation des échecs, l'agressivité et le comportement antisocial.

Voici maintenant quelques chiffres, extraits de plusieurs études. Vous constaterez qu'ils sont parfois contradictoires :
- 20 à 50 % des enfants TDAH n'ont plus de problèmes anormaux à l'adolescence ;
- 70 à 80 % des enfants TDAH restent en proie à l'adolescence à un sentiment d'agitation ;
- seulement 12 % continuent à poser des problèmes à cause de leur hyperactivité et de leur manque d'attention et de concentration ;
- 10 à 25 % des enfants TDAH ont des problèmes de comportement délinquant et 20 % de ceux-ci ont des problèmes avec la police ;
- 30 % des enfants TDAH restent en traitement ou reçoivent une forme d'enseignement spécial.

Le nombre élevé de contacts avec la police mis en évidence par ces études donne, selon nous, une image exagérée de la délinquance parmi les adolescents atteints de TDAH. On ne doit pas oublier que près de 80 % des citoyens ont posé au moins une fois dans leur adolescence un acte punissable par la justice. Mais une minorité seulement a été prise en flagrant délit. Étant donné que les enfants TDAH sont maladroits, ils n'agissent pas très discrètement. À cause de cela, le risque de se faire prendre augmente énormément. Si un acte délinquant est commis en groupe, c'est typiquement l'enfant TDAH qui ne réussit pas à s'échapper. Il ne sait pas s'expliquer convenablement et il ne fait qu'aggraver les choses. Il ressort de l'étude détaillée des contacts avec la police que ces contacts, hormis le vrai comportement délinquant, concernent surtout des adolescents et des jeunes adultes en infraction au code de la route (excès de vitesse). Quoi qu'il en soit, le risque de délinquance chez les enfants T.D.A.H est plus élevé.

Dans le livre très intéressant *Hyperactive Children Grown Up* [Weiss et Trockenburg-Hechtman], on trouve les conclusions d'une série d'études :

1. Les symptômes du syndrome TDAH originel diminuent et deviennent moins graves à l'adolescence. Par ailleurs les symptômes présents pendant l'enfance sont rarement ceux dont on se plaint encore à l'adolescence. A l'adolescence les principaux problèmes sont des

problèmes de discipline, de comportement antisocial, de mauvaises prestations scolaires et de mauvaises relations avec les jeunes de leur âge.
2. Chez des adolescents TDAH, les troubles les plus fréquents sont une mauvaise estime de soi, de mauvaises prestations scolaires et de mauvaises relations avec les jeunes de leur âge.
3. Les plus grandes variations entre les différentes études concernent les adolescents qui adoptent un comportement délinquant répété. Cela varie selon les études entre 10 et 45 %.

L'approche des adolescents atteints de TDAH [6]

De bonnes relations familiales

D'après les études réalisées, il y a dans les familles d'adolescents TDAH plus de problèmes que dans les autres familles et la présence de l'enfant TDAH est plus souvent la cause que la conséquence de ces problèmes. C'est pour cela qu'il est tellement important de persévérer dans le projet éducatif proposé dans ce guide. Cela en vaut la peine ! Si vous tenez bon, votre enfant a de réelles chances de réussir.

Dans beaucoup de familles avec un adolescent TDAH, les autres membres de la famille présentent plus de problèmes dans le domaine de la santé mentale et le climat émotionnel général est moins bon. Il y a aussi plus souvent des problèmes entre les parents. Par ailleurs les parents ont tendance à prendre des mesures plus autoritaires et répressives vis-à-vis de leurs enfants. On constate que les problèmes familiaux tout comme l'intervention répressive des parents diminuent au fur et à mesure que l'enfant grandit, ce qui améliore le climat émotionnel à la maison. Une nette amélioration survient aussi quand l'adolescent TDAH a quitté la maison !

Régulièrement les parents imputent toutes les difficultés de comportement au syndrome TDAH. En faisant cela, ils disqualifient la partie de saine révolte pubertaire nécessaire à cet âge en ne la considérant pas comme une protestation adolescente normale. Cela vaut la peine d'en parler et de demander conseil à un autre parent expérimenté, à un enseignant, un psychologue pour enfants ou un pédopsychiatre.

---

6. À la demande de parents et d'associations d'entraide, nous avons publié un livre pour les parents d'adolescents TDAH (références en annexe). Ce qui suit en est un résumé.

Il est important que les parents proposent à leur adolescent TDAH un cadre de vie très structuré. Mais il est tout aussi important qu'ils diminuent progressivement leur propre implication et qu'ils apprennent parallèlement à l'adolescent à apporter lui-même dans sa vie une structure de plus en plus forte. Les parents doivent lâcher un peu les rênes, même s'ils remarquent que l'adaptation du comportement n'est pas tout de suite parfaite. Si les parents continuent à imposer trop de structures, l'enfant n'a pas l'occasion d'agir de lui-même. Cela vaut pour les parents de tous les adolescents, mais plus particulièrement pour ceux d'adolescents TDAH. Pour eux, le dilemme est encore plus difficile.

Médicaments

Nous essayons les médicaments stimulants aussi chez des adolescents. Nous commençons par le méthylphénidate, surtout si le médicament avait eu auparavant un effet favorable, mais qu'on l'avait abandonné sur base du principe actuellement dépassé qu'il valait mieux arrêter à la puberté. En général il semble que les adolescents réagissent aussi bien que les enfants aux médicaments stimulants.

Des nombreuses études qui ont décrit l'emploi des psychostimulants pour les enfants TDAH, aucune n'a démontré que les enfants et adolescents TDAH qui en avaient reçu faisaient plus tard un plus grand usage de drogues. Au contraire, les enfants TDAH non traités risquent plus de consommer des drogues que ceux qui suivent un traitement médicamenteux adapté. On n'a pas démontré non plus d'influence négative persistante sur le développement physique, la croissance, la tension artérielle, le poids…

De beaucoup d'études il ressort que les trois quarts des adolescents TDAH qui continuent à souffrir de problèmes d'attention, de concentration et d'hyperactivité, gagneraient à utiliser ou à poursuivre une médication. Le problème ici résiderait plutôt dans le fait que les adolescents, plus que les enfants, sont opposés à la prise de médicaments. Nous constatons régulièrement que des adolescents ont les poches pleines de petites pilules excitantes achetées bien cher, et qu'ils les avalent sans savoir ce qu'elles contiennent, alors qu'ils refusent de prendre les comprimés parfaitement équilibrés que nous leur prescrivons car, disent-ils, « Je ne suis pas fou ! ». Voici comment nous agissons dans ce cas : nous essayons d'obtenir leur participation à une expérience « en double aveugle », du type de celle réalisée chez les enfants plus jeunes et expliquée plus haut. Pendant trois semaines, ils prennent du méthylphénidate (ou une autre substance de ce type) et, pendant trois semaines, un placebo, sans que ni eux, ni les parents, ni nous-mêmes ne sachions quelle substance est prise quelle semaine. Les jeunes notent chaque jour les effets ressentis ; après les six semaines, nous ouvrons ensemble l'enveloppe cachetée par le pharmacien, qui identifie les semaines et les médicaments donnés, et nous voyons si les résultats étaient meilleurs lors de la prise du médicament ou lors de la prise du placebo, ou s'ils étaient indifférents. Généralement, après cette expérience, les jeunes sont convaincus de l'effet du méthylphénidate.

On a fait récemment une découverte importante : pour un certain nombre d'adolescents, jeunes adultes et adultes — chez qui des médicaments stimulants avaient peu d'effet ou à qui on n'en avait pas donné — certains anti-dépressifs, comme l'imipramine, ont un effet favorable. Et ce, sans qu'il soit question de dépression. Cette médication semble avoir un effet direct sur l'attention, la concentration, l'impulsivité et l'hyperactivité. L'on peut aussi recourir à la clonidine (voir les paragraphes traitant des médicaments).

Exercices de relaxation

Les adolescents TDAH sont souvent très tendus. C'est pourquoi nous leur apprenons des exercices de relaxation, courts (5 minutes) et intensifs.

Nous avions remarqué que les exercices de relaxation nous détendaient également. C'est pourquoi nous les enseignons aussi à un des parents. On demande alors au jeune de détendre d'abord son parent (ce qui lui permet d'accéder à un état d'esprit plus efficace pour son action éducative). Ensuite, nous demandons au parent de détendre l'adolescent. Il est stupéfiant de voir comment ces adolescents agités parviennent à détendre leurs parents en imitant notre « voix de relaxation » lente, calme et grave. De cette manière, ils arrivent à se détendre eux-mêmes dans une certaine mesure.

Entraînement aux compétences sociales

L'entraînement aux compétences sociales constitue pour ces adolescents une aide importante. Bien sûr il ne faut pas espérer qu'une petite série de dix séances amènera une solution définitive. On devrait pouvoir offrir à ces jeunes des entraînements réguliers, adaptés à chaque nouvelle phase de la vie et aux nouveaux problèmes qui en découlent. C'est une tâche qui nous paraît très importante et qui devrait être organisée par les associations de parents en collaboration avec les thérapeutes, notamment ceux qui travaillent dans les centres de santé mentale.

Thérapies cognitives

Les adolescents TDAH peuvent aussi être aidés par des stratégies basées sur la *thérapie cognitive*. De la même manière que les théories sociales donnent aux parents un excellent coup de main pour garder sur la bonne voie un adolescent si particulier et si difficile à manier, on peut améliorer l'image que ces jeunes ont d'eux-mêmes avec les principes relativement simples, mais efficaces, des thérapies cognitives (par exemple : Meichenbaum, Ellis, Beck). On peut également les aider à organiser leurs pensées chaotiques et leurs façons de réfléchir. Cela vaut la peine, semble-t-il, que des psychologues formés aux thérapies cognitives élaborent des stratégies de traitement spécifiquement adaptées à cette catégorie d'adolescents. En collaboration avec les associations de parents, ils pourraient organiser des entraînements adaptés, combinés par exemple avec des stages d'entraînement aux compétences sociales.

Après l'adolescence, cela va mieux : les adultes TDAH

Les psychiatres pour adultes, chez qui on retrouve parfois ces enfants hyperactifs à un âge plus avancé, ne connaissent pas souvent le syndrome TDAH. S'il y a un problème, ils poseront toutes sortes d'autres diagnostics proches de leur domaine, mais pas celui de TDAH. Nous avons l'impression que les psychiatres pour adultes repèrent toujours les conséquences du dysfonctionnement dû au TDAH, mais que beaucoup en méconnaissent la cause sous-jacente : ils ne pensent pratiquement jamais à la possibilité d'un TDAH. Peut-être ceci peut-il changer dans un avenir proche ?

En effet, de plus en plus de psychiatres pour adultes, familiarisés avec la pédopsychiatrie lors de leur formation, font preuve d'un intérêt croissant pour cette problématique. Par ailleurs, on commence à tenir compte de cette découverte faite il y a une dizaine d'années, à savoir que pas mal d'enfants TDAH devenus adultes gardent des problèmes spécifiques.

Trouver le « bon » partenaire a souvent une influence favorable sur le jeune adulte atteint de TDAH. Surtout s'il rencontre quelqu'un de bien structuré qui l'aide à canaliser son chaos et le rend plus « sympathique ». Pourtant, dans leur relation, il n'est pas rare de voir surgir des problèmes dus au comportement impulsif du partenaire TDAH. Le (jeune) adulte atteint de TDAH accepte très difficilement que sa compagne, à intelligence égale, organise sa vie et appréhende pas mal de choses mieux qu'il n'y parvient. Il lui est reconnaissant de ce qu'elle fait pour lui, comprend qu'il fonctionne mieux grâce à elle, mais n'accepte pas toujours sa dépendance inévitable, tout comme un paralysé hait ses béquilles à l'occasion.

Si un parent TDAH (le père en général) a un fils hyperactif, des problèmes risquent de surgir. Non seulement parce qu'il lui est particulièrement difficile d'adopter un comportement conséquent dans le domaine éducatif, mais surtout parce que c'est lui-même qu'il retrouve dans son enfant. Poussé par la compassion (et par des sentiments de culpabilité) il peut devenir trop indulgent ou, à l'inverse, son impuissance peut le rendre brutal, ce qui provoquera des conflits avec le conjoint.

Dans le livre *Hyperactive Children Grown Up*, sont résumées les études portant sur les adultes chez qui on a diagnostiqué un TDAH dans la jeunesse. Les conclusions de ces études sont les suivantes :

1. De toutes les études, il ressort qu'environ la moitié des patients devenus adultes se portent bien. Cela ne signifie pas qu'ils n'ont plus aucun problème dû à leurs symptômes, mais bien que ces symptômes ne les handicapent pas trop. La plupart des patients travaillent et subviennent à leurs besoins. L'évolution du TDAH semble déterminée par la présence ou non d'une hyperactivité manifeste et d'un comportement antisocial.
2. Dans la majorité des études, environ la moitié des patients éprouvent la persistance de symptômes — modérés à graves — ou présentent d'autres signes de problèmes psychiques secondaires.
3. Environ un quart des adultes présentent les signes d'une structure de personnalité antisociale ou ont posé des actes de délinquance.
4. L'hypothèse que des enfants TDAH risquent plus que les autres de devenir psychotiques n'est pas confirmée.
5. S'il ressort d'un certain nombre d'études que les adolescents hyperactifs consomment plus d'alcool que les jeunes de leur âge, on ne retrouve plus cette différence chez les adultes.

Pour conclure : ce que pensent des adultes atteints de TDAH de leur traitement antérieur

Weiss et Trockenberg-Hachtman ont demandé à 61 adultes atteints de TDAH ce qu'ils estimaient avoir joué un rôle important dans leur traitement. Voici le résumé de leurs réponses :

1. En ce qui concerne la médication, ils ont trouvé l'action du méthylphénidate généralement plus efficace que celle des autres médicaments.
2. Ils ont assez mal vécu le fait d'avoir dû utiliser des médicaments.
3. Ils estiment que des figures clés, telles que leurs parents, des enseignants et des éducateurs, leur ont apporté une aide majeure pour surmonter les problèmes de l'enfance.
4. Ils auraient souhaité plus d'informations et de discussions à propos de ce qui ne fonctionnait pas chez eux et de ce que les médicaments signifiaient pour eux.
5. Ils estiment qu'ils auraient dû bénéficier plus facilement de professeurs de remédiation, d'un accompagnement à l'école, d'une thérapie cognitive, d'une psychothérapie individuelle et d'une thérapie familiale : l'approche de ce syndrome aux nombreuses facettes devait être pluridisciplinaire.

Résumé

Les caractéristiques officielles du TDAH — telles qu'elles sont représentées dans le DSM-IV — sont essentiellement concentrées sur les problèmes d'attention et de concentration, l'hyperactivité et l'impulsivité. Or nous avons essayé de montrer que la liste des problèmes qu'un enfant TDAH vit et occasionne est bien plus longue.

Voici, exposés brièvement, les symptômes que nous avons dégagés au cours de notre étude :

1. Troubles de l'attention et de la concentration.
2. Hyperactivité.
3. Impulsivité.
4. Troubles moteurs : maladresse.
5. Troubles du conditionnement et de l'apprentissage.
6. Troubles du traitement de l'information.
7. Labilité émotionnelle et autres problèmes émotionnels.
8. Problèmes relationnels.
9. Troubles du sommeil.
10. Autres problèmes de comportement.

Quelques points précis sur lesquels nous avons insisté dans ce chapitre :

1. Il existe deux malentendus à propos de l'intelligence des enfants TDAH : les enfants TDAH ne sont pas intelligents et les enfants TDAH sont très intelligents.
2. En tant que parents d'enfants TDAH, vous faites partie d'une équipe avec les autres spécialistes. Des spécialistes qui traitent des enfants TDAH sans collaboration étroite avec les parents ne font pas bien leur travail.
3. Au sein de l'équipe, le rôle du pédopsychiatre sera entre autres de vérifier s'il est utile que l'enfant prenne des médicaments. Rappelons à ce sujet que les effets négatifs, émotionnels et sociaux, d'une jeunesse envahie d'échecs sont beaucoup plus importants que ce qui se vit négativement à propos des médicaments. Si ceux-ci sont efficaces, ils n'améliorent pas seulement l'attention et la concentration, mais aussi indirectement l'adaptation sociale.
4. Chez certains enfants, le problème disparaît avec la puberté. Une fois ces enfants devenus adultes, cela se passe relativement bien, même si les problèmes provoqués par le TDAH ne disparaissent pas ou ne disparaissent que partiellement. Les gens chez qui les problèmes ne disparaissent pas après l'adolescence resteront hyperactifs et/ou antisociaux.
5. Enfin, il ressort des recherches scientifiques que la prise en charge à la maison et à l'école est de la plus haute importance pour l'évolution ultérieure, et cela aussi pendant l'adolescence.

Supplément à l'intention particulière des professionnels francophones de la santé (première édition française)

J.-Y. HAYEZ [1]

Une partie des professionnels francophones de la santé, et notamment les psychologues cliniciens et les pédopsychiatres, s'avèrent plus sceptiques que les parents face au comportementalisme, quand ils n'ont pas à son égard un a priori de franche hostilité. Je voudrais les convaincre de la valeur que peut revêtir une dimension comportementaliste dans certaines de leurs prises en charge, pour peu qu'elle soit partie intégrante d'un ensemble.

Moi-même, je ne suis ni spécialiste du cognitivo-comportementalisme, ni psychanalyste,

---

1. J.-Y. Hayez, pédopsychiatre, docteur en psychologie, responsable de l'Unité de pédopsychiatrie, Cliniques universitaires St-Luc, 10 avenue Hippocrate à B-1200 Bruxelles.

ni psychiatre biologique, ni pur systémicien, même si toutes ces grandes écoles de pensée ont inspiré ma pratique, qui se veut éclectique. Est-ce ce qui m'autorise à vous proposer cette réflexion ? Je vous en laisse juge.

1. Pourquoi ce plaidoyer pour l'intégration possible d'une dimension comportementaliste dans certaines de nos prises en charges ?

1. Voici comment je lis le message des comportementalistes — du moins des plus purs d'entre eux —, lorsqu'ils proposent leur projet thérapeutique :

   …Comme bien d'autres thérapeutes, nous attachons beaucoup d'importance à respecter la liberté du sujet humain, qui a à élaborer et à réaliser **son** projet de vie. Il existe bien quelques exceptions à l'usage individuel de la liberté, lorsqu'il entraîne une grave destructivité pour soi ou pour autrui, mais cette réserve aussi, nous la partageons avec nos collègues d'autres horizons thérapeutiques. Donc, **pour peu qu'un sujet soit vraiment intéressé** par l'idée de modifier certains de ses comportements dysfonctionnels, grâce à des efforts nouveaux de pensée et d'action, nous pouvons lui proposer des techniques détaillées qui facilitent cette modification ; ces techniques l'engagent, lui, et engagent aussi son environnement à modifier des « stimuli » liés aux comportements problématiques ; au terme des efforts consentis, la joie d'avoir réalisé un progrès désiré, représente un puissant incitant pour maintenir celui-ci. Nous admettons que les comportements dysfonctionnels initiaux peuvent avoir été mis en place par des sources pathogènes variées et parfois multiples, incluant éventuellement des représentations inconscientes (conflits, images traumatiques…) ou des difficultés relationnelles, mais nous ne nous occupons pas directement de celles-ci, sans interdire que d'autres s'en occupent simultanément ; nous croyons que l'effort de modification comportementale consenti **peut** avoir une efficacité « en soi », même si d'autres sources ne sont pas taries…

2. Et pourquoi non ? Pourquoi refuser cette possible efficacité d'un effort de la volonté consciente sur tel comportement jugé gênant, effort librement consenti et soutenu par une modification des stimuli — accompagnateurs dans l'environnement ? Pourquoi en refuser le principe, et ceci même lorsque cette dimension behavioriste s'intègre à d'autres ?

   J'ai l'impression que notre refus du behaviorisme n'est pas toujours raisonnable, et se fonde plutôt sur des rationalisations, elles mêmes dictées par notre paresse intellectuelle (difficulté à intégrer de nouvelles informations et pratiques s'écartant de nos habitudes)… notre angoisse face à un « inconnu », que nous pressentons très différent de nos modélisations usuelles… notre crainte d'être partiellement dépossédés de notre puissance de thérapeute, etc. Au nom de cela, nous proclamons vite « C'est mauvais » ou, à tout le moins, « C'est incompatible avec une approche qui est de l'ordre de la recherche de sens », voire même « L'enfant a besoin de son symptôme, si on l'en débarrasse, il en réinventera un autre, plus grave »… ou encore « Le behaviorisme, c'est chercher à remplir le tonneau des Danaïdes : le symptôme persistera si l'on ne parvient pas à lever les vraies causes, inconscientes, etc. »

Or, ces allégations sont contestables, en tout ou en partie : notre objectivité scientifique devrait nous faire acter l'existence d'enfants qui ont été bien aidés par une thérapie behavioriste : ouvrons nos yeux et nos oreilles, si nous le voulons bien, et lisons : tant d'études en attestent, qui ne peuvent pas toutes ne véhiculer que des mensonges !

L'affirmation d'un soi-disant « besoin du symptôme » est loin d'être toujours vérifiée : bien des enfants, soulagés par la disparition parfois mystérieuse d'un symptôme gênant, ne le voient jamais revenir, ni lui, ni un cousin encore plus lourd, même quand les enjeux inconscients ou relationnels liés au cher disparu n'ont pas toujours été bien « travaillés ».

Mais je ne désire pas remplacer un militantisme par un autre : il est vrai que **parfois** le déterminisme intrapsychique inconscient ou/et relationnel d'un symptôme est très contraignant, et donc que sa pérennité, ou sa résurgence après une éclipse superficielle, demeurent très probables : mais ce n'est pas encore une raison pour refuser toute inclusion behavioriste ; voyons-y plutôt l'invitation à une approche **simultanée**, fondée sur une démarche de recherche de sens à laquelle s'ajoutent, si c'est possible et dès que c'est possible, des encouragements à modifier concrètement ce qui dysfonctionne.

Plus profondément, ne devrions-nous pas nous pencher sur nous-mêmes ?

C'est en nous, au cœur de notre identité de thérapeute, qu'existe ce conflit tenace entre nos désirs d'accueillir l'autre tel qu'il est, en lui confirmant son droit à être, et notre tendance à diriger quelque peu sa vie, conflit qui peut se révéler d'autant plus aigu que l'autre serait un enfant encore incomplètement éduqué ! Puisque par ailleurs beaucoup pensent, comme moi, que nous n'avons pas à diriger la vie des autres, il nous reste à gérer comme nous le pouvons ce conflit de désirs et de valeurs, en éliminant de nos thérapies nos velléités directives. A ce propos, il nous arrive d'entretenir deux confusions majeures sur lesquelles je me dois d'attirer notre attention :

– Nous confondons souvent « directivité…, ingérence dans la vie de l'autre » avec le seul fait de lui prodiguer des informations, conseils et suggestions concrètes ; or, ces « descentes de nous-même sur le terrain de la vie quotidienne » ne sont pas pour autant des actes directifs lorsqu'ils ne font que « prolonger » des intentions déjà assumées par le sujet, en lui en proposant des concrétisations qu'il ne trouve pas lui-même.

– Plutôt que de reconnaître que le conflit est en nous, nous faisons, comme bien souvent, de la projection : nous refoulons vaille que vaille nos tendances à la directivité, dont nous restons vaguement culpabilisés, et nous les projetons sur les behavioristes, déclarés incapables d'accepter la liberté d'autrui.

Pourtant, sur le terrain, beaucoup de thérapeutes d'enfants, psychodynamiciens pour le principal de leur action, ne se permettent-ils à l'occasion un zeste de behaviorisme, en amateurs comme je le suis, mais éventuellement avec plus de mauvaise conscience que je n'en ai ? Je doute, pour ma part, que beaucoup de nos thérapies individuelles d'enfants, de nos guidances parentales conjointes, et autres thérapies systémiques, puissent être et soient si exclusivement centrées sur la recherche du sens que nous le proclamons. N'y allons-nous pas régulièrement de suggestions et de conseils concrets à propos des comportements quotidiens parce que nous pensons que les intentions de nos clients vont déjà dans ce sens sans qu'ils soient capables de les mettre en pratique ? Mais, ce faisant, ne rejoignons-nous pas le cœur de la déclaration d'intention des behavioristes ? Et si nous le faisons, peu ou prou, pourquoi le cacher ? Pourquoi ne pas reconnaître à cette dimension de notre travail sa part de valeur ajoutée ?… Et pourquoi ne pas admettre qu'à l'occasion, des spécialistes en behaviorisme puissent œuvrer positivement à nos côtés… ou tout seuls ?

2. Un accompagnement efficace de l'être humain en souffrance gagne à être biopsychosocial

Voici, dans le désordre, quelques composantes de ce que j'appelle un « accompagnement biopsychosocial » :

1. Il faut tenir compte dans les faits et probablement plus que nous ne le prétendons, de ce que nous appelons « la constitution, l'équipe-

ment de l'enfant », équipement qui concerne aussi bien son fonctionnement physiologique — besoins en sommeil, en nourriture, en agir, etc. — et intellectuel que son tempérament (nature et intensité des grands affects et réactivité de base de la personnalité). On pourrait discuter longuement sur le contenu exact de l'équipement et sur ses frontières, mais tel n'est pas ici notre propos : limitons-nous à reconnaître qu'une part du fonctionnement physique et mental de l'enfant lui est largement imposée par son génome, par des agressions somatiques aux séquelles définitives ou par des expériences tellement précoces et intenses que, finalement, elles aussi ont largement figé son fonctionnement. Celui-ci est donc soit destiné à rester immuable soit, s'il se modifie, à le faire de toute façon un peu, et lentement, au rythme même de la nature (« lente maturation »). Il existe donc là une « donnée » qui sera présentée selon les cas comme une richesse ou un déficit, mais qui constitue toujours une limite, une butée pour le pouvoir d'action de l'enfant. Bon gré mal gré, nous devrions nous y adapter largement sans lui demander l'impossible [2].

Posons-nous donc honnêtement la question : investiguons-nous toujours suffisamment cette part possible de l'équipement, avec toutes les conséquences qui s'ensuivent ? (adaptation d'autrui plutôt que changement radical du sujet ; au mieux, paris possibles sur des changements [très] modestes, où le sujet « force un peu » sa nature ou/et en accélère « un peu » la maturation).

Et parmi les faiblesses de l'équipement, ne pourrait-on ranger parfois la défaillance de l'attention et de la concentration, ou l'incapacité à rester calme ?

En adoptant une logique de raisonnement centrée sur la description des moyens d'aide plutôt que sur celle des Instances de l'être, on pourrait dire que le problème des défauts d'équipement est « traité » lorsque le thérapeute engage une thérapie de soutien centrée sur l'aide au deuil, deuil du rêve de l'Enfant Parfait, ou du fonctionnement personnel parfait. Cette thérapie de soutien gagne néanmoins à inclure des interventions « narcissisantes » où le thérapeute met en exergue les richesses concomitantes individuelles ou familiales déjà présentes dans l'équipement de ses vis-à-vis.

---

2. Ceci dit, si certains médicaments peuvent modifier artificiellement l'expression pénible de certains « défauts », il peut s'indiquer d'y recourir.

2. Prenant en compte l'équipement du sujet, mais voulant le rencontrer au-delà, on peut parler maintenant de « l'aide à la recherche du sens » qui demeure une démarche fondamentale. Selon les habitudes du thérapeute et les exigences des situations, cette aide peut être proposée à l'enfant-problème seul, à ses parents, toute sa famille, voire à d'autres personnes de son environnement.

Dans les grandes lignes, il s'agit de les aider à comprendre : Qui est chacun ?... Qui est la famille ?... Au nom de quoi chacun — et la famille — construit-il son projet de vie ? Que s'ensuit-il comme comportements individuels et comme interactions ?... Comment le projet d'aujourd'hui s'enracine-t-il dans l'histoire — histoire de chacun et histoire de la famille — et aussi, comment est-il en partie la conséquence des interactions familiales et environnementales d'aujourd'hui ?... Dans l'élaboration du projet, qu'est-ce qui est conflictuel ou déjà serein ? Etc.

Cette recherche du sens porte donc sur des déterminants biologiques constitutionnels, intrapsychiques, familiaux et sociaux de la vie humaine... ainsi que sur la part mystérieuse de la liberté.

Lorsqu'ils encouragent leurs vis-à-vis à réfléchir de la sorte, les thérapeutes espèrent que grandiront leur confiance en eux-mêmes, le droit qu'ils se donnent à être eux-mêmes, et donc leur aptitude à choisir et à poser sereinement des comportements libres, en même temps que diminuera la compulsion à être victimes de symptômes qui leur échappent. En outre les thérapeutes espèrent souvent que, spontanément ou sous la pression des autres, cette libération de soi s'accompagnera d'une sociabilité suffisante : pourrait d'ailleurs aider en ce sens, entre autres, l'identification inconsciente du « client » à l'attitude de respect que le thérapeute a pour lui.

Tous ceux qui travaillent avec des psy gagneraient à ce qu'une telle démarche soit inclue dans leur programme : elle resitue chacun dans ce qui est au cœur de l'être humain : la capacité réflexive, la capacité de se dire, la capacité d'user de sa liberté pour « faire » sa vie.

3. Mais mon expérience de terrain m'enseigne que cette activité de recherche de sens ne suffit pas toujours à rendre la sérénité à l'enfant et à sa famille ; il arrive qu'elle n'atténue pas vraiment, à elle seule, des comportements gênants, dont le sujet voudrait cependant se débarasser : elle gagne alors à s'accompagner d'autres catégories d'interventions.

Je ne puis pas les passer toutes en revue. Elles vont des réorientations sociales et scolaires et des séparations aux rééducations et soutiens pédagogiques, en passant par les activités de groupe. En pensant plus particulièrement aux enfants hyperkinétiques, je m'arrêterai à quatre d'entre elles :

a) Administrer un médicament à un enfant peut constituer un acte utile, respectueux de sa nature et notamment des déficits de son équipement. Toute prise de médicaments ne réduit pas ipso facto au silence celui qui le reçoit, ni sa famille, pas plus qu'elle n'amène nécessairement des malentendus majeurs sur ce qui est à l'œuvre. Une fois de plus, ne faisons pas de ces risques possibles un alibi commode à notre (relative) ignorance de la pharmacopée.

« Donner » un médicament, après s'en être expliqué aussi bien que possible avec l'enfant et sa famille, et avoir obtenu leur consentement, peut être une manière comme une autre de reconnaître la crise existentielle par laquelle il(s) passe(nt) et les souffrances cruelles qu'elle provoque et aussi, le cas échéant, de reconnaître les faiblesses actuelles et très gênantes de l'équipement de l'enfant : T.Compernolle en a discuté plus longuement et plus concrètement ailleurs dans l'ouvrage.

b) Recourir à l'occasion à une approche behavioriste de la pédagogie quotidienne peut également donner un coup de pouce intéressant. Quand l'enfant veut vraiment améliorer certains dysfonctionnements, mieux vaut que la recherche de sens déjà évoquée augmente autant que faire se peut sa confiance en soi et génère une intuition plus lucide de la direction de vie qu'il peut prendre, mais au fur et à mesure qu'il avance sur cet itinéraire, on peut proposer, à lui, de recourir à des efforts de changement comportemental plus ciblés et, à son entourage, de supprimer des stimuli gênants et d'en créer des positifs. Ce genre de proposition peut commencer très tôt sur l'itinéraire de la découverte de soi ; presque au titre d'un pari précoce !

c) Par ailleurs, tous les échanges d'idées avec l'enfant et ses parents, centrés sur les aménagements de la vie quotidienne ne sont pas que des applications du béhaviorisme, loin de là. Ce qu'on affuble parfois du vilain mot de dimension « orthopédagogique » du programme d'aide comporte surtout des échanges d'informations, des encouragements à s'expliquer et à négocier entre générations, des encouragements à faire de nouveaux paris sur l'organisation du quotidien, des réassurances, des invitations au « *modeling* » à partir de la manière d'être et de réagir du thérapeute etc., etc., toutes interventions qui sont elles aussi susceptibles de constituer des appoints précieux.

d) Lorsqu'il s'agit de gérer des situations humaines difficiles, les groupes réunis à l'initiative des « malades » eux-mêmes ou par leurs parents peuvent eux aussi constituer une ressource très utile : ils offrent aux participants l'opportunité d'une écoute réciproque, d'un partage d'émotions et d'un soutien mutuel ; ce sont aussi et surtout d'importants lieux de « partage de compétences » (aide et conseils pratiques).

3. Les enfants dits hyperactifs ou hyperkinétiques [3] sont-ils concernés par une telle programmation d'ensemble ?

Les considérations que je viens d'émettre ne s'adressent pas à une problématique particulière ; toutefois, identifier avec plus de précisions les enfants hyperkinétiques nous permettra de mieux comprendre certaines modalités de la prise en charge qui leur sont plus adaptées.

Qui sont les enfants hyperkinétiques ?

La classification française des troubles mentaux de l'enfant et de l'adolescent les fait entrer principalement dans sa rubrique 6.08 « hyperkinésie ; instabilité psychomotrice ». On peut aussi les désigner par les vocables cliniques courants : enfants hyperkinétiques… hyperactifs… (très) nerveux… (très) agités… (graves) instables psychomoteurs : enfants qui se signalent perpétuellement par un nervosisme intense (gestes et comportements toujours changeants et inachevés) et par une importante distractibilité et impulsivité. Plus inconstamment, ils sont habités par de l'angoisse et une mauvaise image de soi, plus ou moins perceptibles, sans que l'on puisse dire à coup sûr qu'il s'agit d'une composante primaire ou/et secondaire de leur état. Les conséquences de tout ceci sur leur projet de vie et sur leurs relations à autrui sont prévisibles : de grandes difficultés scolaires, des relations familiales souvent tendues et, à la longue, un négativisme pouvant aller jusqu'aux conduites antisociales [4].

---

3. Dans le texte de T. Compernolle, nous avons parlé d'enfants hyperactifs ; une catégorie d'entre eux, les super-hyperactifs présentent le syndrome hyperkinétique ou syndrome ADHD. Dans cet alinéa 3, nous emploierons le vocable techniquement plus usuel d'enfants hyperkinétiques pour désigner *tous* ces enfants.
4. Cette évolution vers les conduites antisociales est surtout prévisible si on n'a rien fait pour canaliser le comportement de l'enfant avant la puberté. Se référer par exemple à l'article de T. Compernolle et G. Postmas, « Aandachtskortstoornis met hyperactiviteit, een frequente stoornis bij volwassenen », *Tijdschrift voor psychiatrie*, 1995, 10-37, 769-779.

Malgré les apparences, les enfants susceptibles de fonctionner habituellement de la sorte relèvent de plusieurs catégories structurales, dont je ne retiendrai que les plus fréquentes :

1. Certains d'entre eux sont porteurs d'une fragilité et d'une dysmaturation cérébrales qui les rendent largement incapables de se concentrer et qui les obligent à bouger. Les neuropédiatres, de même que les neuropsychiatres, ne sont pas tous sur la même longueur d'ondes lorsqu'il s'agit de décrire la nature précise de cette dysmaturation : jusqu'il y a une dizaine d'années, on faisait facilement l'hypothèse qu'elle était provoquée par des lésions cérébrales (très) discrètes, d'origine périnatales et l'on parlait de « *minimal brain damage* » (MBD). Comme on a eu beaucoup de difficultés à objectiver ces lésions, du moins dans la majorité de situations, on pense plutôt que l'on a à faire à des dysfonctions [5] sans support anatomique lésionnel ; elles font suite elles-mêmes à des particularités du génome (transmission à tout le moins d'une prédisposition héréditaire) ou à des circonstances encore mal connues de la vie fœtale, de la périnatalité, ou des premiers mois de la vie.

    Dans certains cas, cette composante cérébrale semble très nette, et c'est seulement alors que l'on devrait désigner l'enfant comme présentant un AD/HD (*attention deficit/hyperactivity disorder* selon le DSM–IV ; ce dernier estime d'ailleurs qu'un des pôles peut être dominant — déficit de l'attention *ou* hyperactivité et impulsivité —, ou que les deux sont également représentés). Néanmoins, il est rare que la dysmaturation cérébrale suffise à elle seule à expliquer les vécus et comportements de l'enfant : très vite, il devient insupportable à son entourage et rend celui-ci irritable et dysfonctionnel. Les messages disqualifiants qui s'ensuivent induisent en retour angoisse, agressivité (sentiment d'injustice) et altération de l'image de soi de l'enfant, tous affects négatifs dont il se défend... par d'autres protestations agitées : ainsi son problème devient très vite biopsychosocial.

2. D'autres enfants, très habituellement agités eux aussi, sont surtout, et de longue date, de grands anxieux : on sait que chez certains êtres humains, lorsqu'il y a à faire face à l'angoisse aiguë ou chronique, l'équilibre de répartition des systèmes nerveux sympathique et

---

5. Par la suite, on a utilisé le sigle MBD dans ce second sens « *minimal brain **dysfunction*** »... mais son origine historique, ainsi que les confusions possibles entre *D* pour *damage* et *D* pour *dysfunction* font que le terme est de moins en moins employé.

parasympathique et d'autres caractéristiques neuro-endocriniennes amènent surtout un état de sidération, alors que chez les autres — qui nous concernent ici — il y a surtout activation et, par exemple, « qui-vive perpétuel ». Les angoisses anormalement hautes et durables de ces enfants sont souvent liées à leur tempérament, mais aussi, parfois, à l'introjection de souvenirs archaïques terrorisants ou/et de messages relationnels menaçants, archaïques et répétitifs : par exemple, enfants longuement hospitalisés quand ils étaient bébés, passant par de dures épreuves physiques qu'ils ont subies sans, évidemment, y rien comprendre ; enfants vécus comme morts-vivants par leurs parents et inconsciemment interpellés comme tels, après qu'un aîné soit décédé ou qu'ils aient fait eux-mêmes une maladie très grave, etc.

3. D'autres encore sont des carencés affectifs, porteurs depuis longtemps d'une image de soi négative, qui s'avèreront d'autant plus probablement agités qu'ils sont élevés dans une ambiance chaotique chargée de menaces pour leur sécurité ou leur vie : ces enfants correspondent le mieux au concept de « dysharmonie évolutive » de la littérature psychiatrique francophone (CFTMEA : 3.01 : *Troubles de la personnalité ou/et du comportement pris dans une dysharmonie évolutive*), (*multiple complex developmental disorder*, en gestation pour un prochain DSM...).

4. D'autres enfin, probablement moins diffusément agités que les précédents, sont tout simplement des enfants dont les pulsions sont « non éduquées » par des parents trop tolérants ou incapables d'autorité : enfants tyranniques, têtes folles, souvent estampillés comme « caractériels ».

5. Pour tout compliquer, les différentes catégories structurales que je viens d'évoquer peuvent se combiner entre elles, en des intrications parfois très difficiles à dénouer : certains enfants fonctionnent sur le mode de la dysharmonie évolutive et souffrent en outre d'une fragilité cérébrale qui compromet leur concentration : d'où, au moins en partie, leur nervosisme précoce, encore accru par l'ambiance de rejet et de chaos dans laquelle ils ont à vivre. Bref, rien n'est simple ! T. Compernolle reprend également cette discussion dans son livre, mais, ne s'adressant pas d'abord aux professionnels, il se borne à répartir ces enfants en deux catégories selon le degré de gravité des troubles : les « normalement » hyperactifs et les « super-hyperactifs » ; chez ces derniers, la composante de dysmaturation cérébrale est évidente et ils méritent donc d'être appelés

« enfants ADHD » à condition de se souvenir de l'existence fréquente de comorbidité (par exemple : anxiété, mauvaise image de soi).

Lorsque nous sommes consultés, nous devons donc nous remémorer l'hétérogénéité des structures incriminables, investiguer avec soin chaque enfant et chaque famille pour faire des hypothèses plus fines sur ce qui est en jeu et mettre en œuvre un programme d'aide nuancé. Nous pourrons de la sorte faire chaque fois des spéculations raisonnables sur ce qui revient :

- au constitutionnel, à l'équipement de l'enfant, sur lequel celui-ci n'a pas ou n'a que peu de prise (par exemple : fragilité cérébrale limitant la concentration, tempérament anxieux, etc.) ;
- aux affects et aux idées de l'enfant, qui lui indiquent qui il est et comment il devrait se comporter aujourd'hui, et qui s'enracinent dans son vécu expérientiel partiellement inconscient et dans sa perception de son environnement : idées théoriquement mobilisables... du moins sur le papier !
- à ses interactions d'aujourd'hui avec son environnement, qui l'aident à se socialiser ou au contraire l'emprisonnent. Ce que les parents — et d'autres encore — engagent dans ces interactions est en partie une réponse aux « actions de l'enfant » et en partie le fruit de leurs idées personnelles, elles-mêmes enracinées dans leur inconscient et dans leur perception de leur environnement : et la boucle est bouclée !

Modalités propres à un programme d'aide destiné aux enfants hyperkinétiques et à leurs familles

En supposant que le dysfonctionnement de tel enfant et de ses relations familiales relève *et* du jeu d'une dimension constitutionnelle (chez lui) *et* de celui de facteurs intrapsychiques et relationnels théoriquement mobilisables, que nous résumerons sous le vocable « Conflits et mauvaise image de soi », il va de soi que le traitement vise à tenir compte de ces deux dimensions du problème. Schématiquement [6], voici quels pourraient en être les constituants :

---

6. Il s'agit bien d'une schématisation. Sur le terrain la « résultante » de ces différentes composantes consiste en paroles, attitudes et propositions *uniques*, qui intègrent les convictions du moment.

	S'ADRESSE À LA DIMENSION « CONSTITUTIONNELLE »	S'ADRESSE À LA DIMENSION « CONFLITS ET MAUVAISE IMAGE DE SOI »	RÉSULTANTE
1) Information faite à l'enfant et à sa famille, à propos de ce qui est en jeu	Oui, y joindre une information sur les richesses complémentaires de l'équipement	Oui, y joindre une information sur les qualités du projet de vie, déjà à l'œuvre	L'information est donc mixte, composite
2) Réflexion sur le « sens » (via psychothérapies individuelles ou/et familiales)	Oui, elle inclut donc une spéculation sur la part du constitutionnel, du tempérament… Elle entraîne une idée de deuil, deuil du changement rapide du fonctionnement de l'enfant	Oui, recherche des enracinements des comportements dans les expériences de vie, les « messages interactionnels » du moment, la liberté d'autocréation de chacun. Il s'ensuit un premier apaisement, et davantage de lucidité et d'adaptation spontanée aux circonstances externes (souvent)	La recherche de sens entraîne donc l'idée que du changement est possible, mais pas totalement (à cause de la part du constitutionnel)
3) (en complément de 2)	En visant plutôt l'adaptation de l'adulte à l'enfant… ou, pour celui-ci, en s'inspirant de l'adage « Grands efforts pour petits changements » (en effet, ce qui est constitutionnel est peu mobilisable)	En visant, pour certaines applications, l'adaptation de l'adulte à l'enfant, et pour d'autres, la mobilisation des comportements de l'enfant, la réalisation, par lui, de meilleurs compromis — synthèse entre projet personnel et attentes sociales	
Il s'agit de :			
a) échanges d'idées sur l'éducation quotidienne	Oui	Oui	
b) rééducations instrumentales (p. ex. psychomotricité) ou/et neuropsychologiques ; « remedial teaching »	(Éventuellement)	(Éventuellement)	

Supplément à l'intention particulière des professionnels francophones de la santé 157

	S'ADRESSE À LA DIMENSION « CONSTITUTIONNELLE »	S'ADRESSE À LA DIMENSION « CONFLITS ET MAUVAISE IMAGE DE SOI »	RÉSULTANTE
c) réorientations scolaires et sociales, jusqu'à l'institution résidentielle	(Éventuellement)	(Éventuellement)	
d) administration de médicaments	Oui, d'autant plus que l'expression de la limite est douloureuse et gênante pour soi et pour les autres — ils permettent parfois de « dépasser » la limite, dans une mesure modérée. P. ex. amélioration de la concentration via psychostimulants	(Éventuellement, prudemment, ils permettent parfois d'atténuer les affects les plus pénibles. P. ex. affects d'angoisse, affects dépressifs. Ne peuvent s'administrer qu'en complément de parties de programme plus « libératoires »)	
e) dimension cognitiviste des thérapies	Oui éventuellement, permettent de repenser les stratégies d'adaptation des uns aux autres, et la planification des projets	(idem, éventuellement)	
f) behaviorisme (présent à partir de la thérapie individuelle de l'enfant, ou de la guidance parentale)	Ici, il permet de concrétiser un objectif de deuil du changement important ; il permet d'organiser plus efficacement la vie quotidienne autour de l'idée de l'adaptation de l'adulte à l'enfant.	Ici, si l'enfant en accepte le principe, il permet de faciliter la mobilisation de ses comportements (cf. l'idée déjà émise des compromis-synthèses plus satisfaisants)	De facto, la visée du programme est donc « médiane » : une certaine adaptation des parents aux limites de l'enfant et une certaine mobilisation de celui-ci : une certaine imprécision sur ce qui est possible, est inévitable… l'objectif doit s'expérimenter sur le terrain, puis s'évaluer.

Annexes

Groupes d'entraide et sites Internet

Liste non exhaustive.

Belgique

ADHD-Vlaanderen : (pour parents/instituteurs/professionnels concernés par l'ADHD)
Anja Depotter : Arsenaalstraat 1 - 8620 Nieuwpoort
Peter Glorieux : Boomgaardstraat 67 - 8800 Roeselaere
adhd.vlaanderen@pandora.be

ADHD-Volwassenen
http://www.adhd-volwassenen.be/

APEDA
Marianne Turbiaz-Hallet : Av. du Prince Héritier 10 - 1200 Bruxelles
Tél/fax : 02/763.33.78 (lu. à ve. de 9à 15h)
fmm.turbhall@belgacom.net

APPUIS : (Association Pour Permettre Une Intégration Scolaire)
Mme Cardenas — Rue des Champs-Elysées 62 - 1050 Bruxelles — 02/640.44.27
paul.verheecke@skynet.be

ASCHiLD (*Association Supporting Children who Learn Differently*)
Sue van Alsenoy : Grote Stoppelbergen 5 - 2040 Zandvliet —
Tél/fax : 03/568.80.56
s.van.alsenoy@pandora.be

Du Calme a.s.b.l. : (Groupe de soutien de parents d'enfants hyperactifs)
Fabienne Paquet : Rue Constantin Meunier 93 - 6001 Marcinelle — 071/43.59.54
association.entraide@brutele.be

Hyperactivité et troubles associés [7] :
http://users.pandora.be/scarlett/

TDA/H-Adultes (en anglais)
Stephanie Clark : Puttestraat 42 - 3080 Tervuren — 02/305.90.30
stephanie.clark@pandora.be

Zit Stil
Heistraat 321 - 2610 Wilrijk - Tél :03/830.30.25 - Fax : 03/825.20.72
http://www.zitstil.be/

France

Association de Parents d'Enfants Hyperactifs
4 Clos du Verger, Rue du Fief - 62840 Sailly-sur-la-Lys - tél :03.21.25.78.90

HyperSupers - Thada France
2 Sentier de la Fontaine - 77160 Provins - 06.19.30.12.10
Association loi 1901 : n° 01020011746

S.O.S. Je bouge trop
72 Rue de la Mairie - 59283 Moncheaux - 03.27.80.23.30
sosjebougetrop@voila.fr

Luxembourg

EHK (Initiative parentale dans l'intérêt des enfants affectés de l'ADD
avec ou sans hyperactivité)
B.P. 30/ 5201 Sandweiler – Infophone /fax : 355 777
ehkacklu@pt.luxinfo@ehk.lu

Québec

Guide pour parents d'enfants hyperactifs
http://planete.qc.ca/sante/elaine

PANDA de la MRC l'Assomption (Parents Aptes à Négocier le Déficit d'Attention, avec ou sans hyperactivité)

---

7. Merci à la responsable de ce site qui a aimablement transmis la majorité des renseignements concernant les groupes d'entraide (n.d.l.t.)

435, Bd Iberville – Repentigny, Qc,J6A 2B6 — Boîte vocale : 450-588-0404
http://panda.cyberquebec.com/pandalien.htm

Suisse

ASPEDAH (Association Suisse de Parents d'Enfants avec Déficit d'Attention et/
ou Hyperactivité)
Tél./fax : 021/703.24.20 (lu. de 9 à 12h & je. de 14 à 16h)
http://www.aspedah.ch/default.htm
aspedah@elpos.ch
Hypsos : Hyperactivité – SOS (Genève)
Avenue des Libellules 18 - 1219 Châtelaine – Fax : 022/797.37.07
Tél. 022/753.39.12 (lu. de 9 à 11h.) – 022/779.09.12 (je. de 9 à 11h.)
http://www.hypsos.ch

Livres cités dans le texte

M. Bisschop et T. Compernolle, *J'apprends à me débrouiller,* Bruxelles, René Malherbe, 1989.

Th. Compernolle, H. Lootens, R. Moggré et Th. van Eerden, *Gérer les adolescents difficiles — Comportements impulsifs, excessifs ou agités*, De Boeck, 2000.

Diagnostic and Statistic Manual of Mental Disorders, Fourth edition, American Psychiatric Association, Washington D.C., 1994.

G. Weiss et L. Trockenberg-Hechtman, *Hyperactive Children Grown Up. Empirical Findings and Theoretical Considerations*, Guilford Press, N.Y., 1986.

Médicaments cités dans le texte (marques déposées)

Concerta : est une marque déposée de Janssen Pharmaceutica.

Cylert : est une marque déposée de Abbott (pour la France).

Dixarit : est une marque déposée de Boehringer Ingelheim.

Ritalin (Rilatine en Belgique) : est une marque déposée de Novartis Pharma.

Index

A
ADHD 13, 107
adolescent 135
adulte TDAH 140
affection 90
agressif 125
alcoolisme 141
allergie alimentaire 29
amitié 124
amour inconditionnel 90
amphétamines 131
anticiper 81, 120, 125
apprentissage 37, 39, 85
asile 86
ATE 67, 70, 86
attention 13, 43, 56, 81, 109
autisme 126

B
babysitter 103

C
cadeau 43
calcul 15
causes 26
    allergie alimentaire 29
    combinaison de 31
    dysfonctionnement cérébral 29
    héréditaires 27
    lésion cérébrale 28
    lésion congénitale 28
    psychosociales 27
centre de santé mentale 12
centre P.M.S. 12, 14, 89
cercle vicieux 32, 64, 87, 101
chaos 124
chargé d'enseignement de soutien 14, 122
clown 123, 132
club sportif 88
coalition 99
colorants alimentaires 30
comportement 38, 46, 53, 115
    dangereux 62, 83
concentration 81, 108
conflit 100
conjoint 92, 103
conscience 79, 117, 125
conséquence 42, 53, 56, 65
conservateurs alimentaires 30
coordination 14, 115
couple 95
crâneur 123

D
déchaîné
    enfant totalement déchaîné 74
délinquant 14, 117, 123, 125, 127, 136, 141
dépressif 10, 123
dépression 29
désapprentissage 37, 85, 115
diagnostic 14, 107, 108
    abusif 26
discipline 78
dissuasion 49, 60
distraction 48, 81
double aveugle 134, 138
driller 117
drogue 128, 138
dsm 108
dyscalculie 15, 122
dysfonctionnement 15, 19, 26, 101
    cérébral 28, 34
dyslexie 15, 19, 122
dysorthographie 122

E
E.E.G. 15, 34
école 88, 122
effet
    contraire 48
    rebond 133
électro-encéphalographie 15
encouragement 41, 47, 48, 54, 61, 89, 91
enseignant 9, 10, 35, 88, 112, 124
enseignement
    spécial 16
    spécialisé 89
entraînement aux compétences sociales 139
épilepsie 16, 28
espace 87

étapes 46, 47
examen neuropsychologique 34

F

famille 10, 96, 103, 123
   frères et sœurs 84, 101
   grands-parents 101
frapper 50, 60

G

gâter 43
graphique 68
grève 66, 93
groupe d'entraide 12, 104

H

handicapé intellectuel ou mental 17, 123
hyperactivité 25, 109, 112
hyperkinétique 17
hypersensibilité 30

I

imitation 40
impulsif 17
impulsivité 109, 114
inattention 108
injure 92
intelligence 17, 126

J

jeu de rôle 72, 82
journal de classe 89

L

labilité émotionnelle 17, 122
lecture 15
lésion cérébrale 34
liste de directives 40, 82

M

maîtriser physiquement 74
maladie de Gilles de la Tourette 128
maladresse 114
MBD 17, 28, 107

médecin traitant 12, 130, 134
médicaments 36, 116, 130, 138, 142
   dépendance 133
   dopage 133
   effets secondaires 132
   indications 133
   pharmaco-dépendance 133
   protocole 134
mémoire 121
motricité
   fine 115
   globale 115
mouvement de jeunesse 87

N

neurotransmetteurs 29

O

oasis 86
obéissance 41, 63, 67
ordre 78

P

paratonnerre 99
parent TDAH 28, 141
parents 7, 18, 34, 41, 58, 78, 88, 90, 95, 123
partenaire TDAH 140
pensée séquentielle 18, 114, 120
points 45, 68
polarisation 100
police 114, 136
problème 19, 25
   de comportement 125
   émotionnel 122
   relationnel 123
professeur de remédiation 89, 142
psychopharmacologie 18
psychothérapie 85
puberté 80, 135
punition 43, 49, 57, 60, 71, 87, 89, 116

R

récompense 41, 43, 45, 54, 116
rééducation fonctionnelle 129
réflexe 48, 83
   conditionné 48

refuge 86
règles 10, 37, 77, 85
régularité 77
relation du couple 98, 102
relations familiales 137
relaxation 139
remedial teacher 14, 18
résonnance magnétique 15
respect 91
retard de maturation 135
révolte pubertaire 137
routine 78

S

sécurité 63
sens
   moral 120, 125
sens (organes des) 115, 117, 118
sentiment d'infériorité 123
signaux 48, 82
simplicité 77
sommeil 125
souffre-douleur 124
stress 27, 95, 111, 130
structure 77, 85, 88, 138
super-parents 18, 80, 123
symptôme 18, 108, 135
syndrome 18, 26
   hyperkinétique 107

T

tâche éducative 96
TDAH 8, 77, 107, 135
TED 127
thérapeute
   comportemental 129
   ergothérapeute 115, 129
   familial 89, 129
   logopède 17, 122, 129
   orthopédagogue 122, 129
   orthophoniste 17, 122, 129
   pédopsychiatre 8, 130, 134
   physiothérapeute 129
   psychiatre 140
   psychomotricien 115, 129
   thérapeute familial 86, 96, 99
thérapie
   analytique 130
   cognitive 18, 130, 140, 142
tics 128

troubles 18, 25
   de l'apprentissage 19, 115
   de l'attention 111
   de l'écriture 122
   de l'enregistrement 118
   de l'expression 121
   de la concentration 111
   de la coordination 14, 119
   de la discrimination auditive 119
   de la fixation 121
   de la lecture 122
   de la mémoire 121
   de la parole 121, 122
   de la perception 19, 118
   du calcul 122
   du comportement 127
   du conditionnement 115
   du sommeil 125
   du traitement de l'information 117
   du traitement des données 119
   moteurs 114
   obsessionnels 129

V

voisins 96, 101

Table des matières

Préface de la première édition française 5
Lisez d'abord ceci 7
    1. L'intention : un livre pour les parents d'enfants hyperactifs 7
    2. Le point de départ : les préoccupations
        de parents d'enfants hyperactifs 8
    3. Ce qui nous a motivés : l'enthousiasme
        de parents d'enfants « normalement » hyperactifs 9
    4. Notre source d'inspiration : les questions
        de parents d'enfants hyperactifs 9
    5. Nos critiques : des parents, des enseignants,
        des thérapeutes et les enfants hyperactifs 9
    6. Notre plus grand stimulant : les réactions
        des enfants hyperactifs eux-mêmes 10
    7. Ceci n'est pas un livre de lecture
        mais un manuel de travail pour des parents
        et leurs « collaborateurs » à la maison et à l'école 10
    8. Plan de lecture 11
    9. Si ce livre ne suffit pas, cherchez de l'aide ! 11
Petit dictionnaire de poche 13
Exemple préalable 21

Chapitre 1
L'hyperactivité et ses causes principales 25
1. L'hyperactivité 25
2. Les causes les plus fréquentes de l'hyperactivité 26
    - Causes psychosociales 27
    - Facteurs héréditaires 27
    - Lésions cérébrales non héréditaires 28
    - Dysfonctionnement cérébral 29
    - Allergie alimentaire 29
    - Combinaison de facteurs 31
3. La gravité de l'hyperactivité dépend d'un concours de circonstances 32
4. La cause précise de l'hyperactivité n'est habituellement pas dépistable 33
5. Pour les parents, il est important de comprendre autant que possible la cause des problèmes de leur enfant 34

Résumé 36

Chapitre 2
Comment apprendre le mieux possible quelque chose à un enfant 37
1. Un comportement peut être observé 38
2. Un comportement n'est jamais une manifestation isolée 38
3. Un comportement s'acquiert 39
4. Les enfants apprennent des autres et inversement 39
5. Apprendre, au début, c'est surtout imiter 40
6. Un nouveau comportement doit être appris de manière très simple et concrète 40
7. L'encouragement est nécessaire à l'apprentissage d'un nouveau comportement 41
8. Les encouragements sociaux sont les meilleurs 43
9. Encouragez toujours immédiatement et répétez vos encouragements 44
10. Atteindre le comportement souhaité à petits pas 46
11. La plupart du temps, on commence l'apprentissage par le dernier pas 47
12. Vous pouvez influencer un comportement en modifiant la situation qui le déclenche 47

13. Que faire quand les encouragements ont un effet contraire ? 48
14. Les enfants TDAH apprennent plus difficilement que les autres enfants 50

Résumé 50

Chapitre 3
Comment désapprendre le plus rapidement possible quelque chose à votre enfant 53

1. Comment s'entretient un comportement indésirable 53

   Un comportement non souhaité est souvent plus encouragé que vous ne le pensez 54

   Beaucoup de comportements indésirables entraînent spontanément une récompense, et donc un encouragement 54

   Un comportement non souhaité est encouragé par des récompenses réelles 55

   Un comportement indésirable est souvent encouragé par les sermons, les gronderies et les plaintes 56

   Un comportement non souhaité est encouragé lorsqu'il fait cesser une situation désagréable 56

   Un comportement non souhaité est encouragé quand la punition n'est pas exécutée 57

   Un comportement inadéquat des parents est, lui aussi, entretenu 58

   Un comportement indésirable se renforce s'il est encouragé de temps à autre 59

2. Le problème de la punition 60

   Inconvénients de la punition 60

   Ne pas punir du tout est impossible et à déconseiller 61

   Utilisez une punition modérée, chaque fois et immédiatement 62

   Mieux que la punition : des conséquences désagréables 65

   Par-dessus tout, enseignez le comportement opposé et souhaité 67

3. Astuces pour désapprendre un comportement indésirable 68

   Comptez les points pour le comportement souhaité 68

   La méthode ATE (Absence Totale d'Encouragement) 70

   Un frein de secours : maîtriser physiquement l'enfant 74

Résumé 76

Chapitre 4
Comment se comporter avec les enfants hyperactifs. Conseils pratiques 77
1. Simplicité et structure 77
2. Éviter de distraire l'attention 81
3. Prévenir vaut mieux que guérir 81
4. S'arrêter et réfléchir : un réflexe d'importance vitale 83
5. L'intégration des frères et sœurs 84
6. Une petite oasis avec droit d'asile 86
7. Suffisamment d'espace pour se défouler 87
8. Collaboration intensive avec l'école 88
9. Des manifestations d'amour inconditionnel 90
10. Exigez un minimum de respect 91
11. N'attendez pas de résultats immédiats 93
Résumé 94

Chapitre 5
Les enfants hyperactifs ont besoin de parents d'accord entre eux 95
1. Il est très difficile d'élever seul un enfant hyperactif 95
2. Quand père et mère ne sont pas d'accord, ça tourne mal 97
3. Comment la collaboration entre les parents échoue parfois ... 100
4. Outre les parents, tous les adultes importants pour l'enfant doivent bien coopérer 101
5. Prenez bien soin de vous et de votre relation avec votre conjoint 102
6. Tenir bon est important mais rechuter est normal 103
Résumé 105

Chapitre 6
Les enfants atteints de TDAH 107
1. TDAH, ADHD, MBD, ou syndrome hyperkinétique 107
2. Les caractéristiques du syndrome TDAH 108
   Présence, soit de (1) soit de (2) 108
   Hyperactivité 109
   Impulsivité 110
3. Les nombreux problèmes des enfants atteints de TDAH 111
   Troubles de l'attention et de la concentration 111

		Hyperactivité 112
		Impulsivité 114
		Troubles moteurs : maladresse 114
		Troubles du conditionnement et de l'apprentissage 115
		Troubles du traitement de l'information 117
		Troubles de la perception 118
		Troubles du traitement des données 119
		Troubles de la mémoire 121
		Troubles de l'expression 121
		Troubles de la lecture, de l'écriture et du calcul 122
		Problèmes émotionnels 122
		Problèmes relationnels 123
		Troubles du sommeil 125
		Autres problèmes de comportement 125
		Deux malentendus à propos de leur intelligence 126
	4.	Comorbidité : l'association du syndrome TDAH à d'autres troubles 126
		TDAH et autisme 126
		TDAH et troubles du comportement /délinquance 127
		TDAH et maladie de Gilles de la Tourette 128
		TDAH et autres troubles 129
	5.	Collaboration avec une équipe d'autres spécialistes 129
	6.	Utilité des médicaments 130
	7.	Quelle est l'évolution de ces enfants ? 135
		Les problèmes des adolescents atteints de TDAH 135
		L'approche des adolescents atteints de TDAH 137
		De bonnes relations familiales 137
		Médicaments 138
		Exercices de relaxation 139
		Entraînement aux compétences sociales 139
		Thérapies cognitives 140
		Après l'adolescence, cela va mieux : les adultes TDAH 140
		Pour conclure : ce que pensent des adultes atteints de TDAH de leur traitement antérieur 141
	Résumé 142

Supplément à l'intention particulière des professionnels francophones de la santé (première édition française) 145

    1. Pourquoi ce plaidoyer pour l'intégration possible d'une dimension comportementaliste dans certaines de nos prises en charges ? 146

2. Un accompagnement efficace de l'être humain en souffrance gagne à être biopsychosocial 148
3. Les enfants dits hyperactifs ou hyperkinétiques sont-ils concernés par une telle programmation d'ensemble ? 152
   Qui sont ces enfants hyperkinétiques ?... 152
   Modalités propres à un programe d'aide destiné aux enfants hyperkinétiques et à leurs familles 155

Annexes 159

Index 163